Erich Frey

RAUBMORD VOR GERICHT

Mit einem Vorwort von Regina Stürickow

BeBra Verlag

Vorwort

Die Zeitungen der 1920er-Jahre berichteten gerne über den prominenten Strafverteidiger Dr. Dr. Erich Frey. Bis heute ist sein Name nicht nur unter Juristen ein Begriff – er war das, was wir heute einen »Staranwalt« nennen würden.

Über Freys Leben ist jedoch nur wenig bekannt, biographische Hinweise sind rar. Den Rückblick auf seine größten Prozesse beginnt er dann aber doch mit einer biographischen Notiz: »Wenn es stimmt, dass alle guten Berliner aus Breslau kommen, dann bin ich ein guter Berliner.« – Frey war nicht nur ein »guter Berliner«, er war ein leidenschaftlicher Berliner. Neben der gewählten Sprache des Intellektuellen beherrschte er ebenso perfekt den schnoddrigen Berliner Jargon, mit dem er die Hinterhofgören in den Mietskasernenvierteln im Berliner Arbeiternorden beeindrucken konnte.

Erich Frey wird am 16. Oktober 1882 in Breslau geboren. Aber die Stadt Berlin prägt ihn von Kindheit an: Sein Vater Siegfried, ein erfolgreicher Exportkaufmann, siedelt mit der Familie 1883 – Erich ist kaum ein Jahr alt – nach Berlin um. Die Familie ist jüdischen Glaubens, praktiziert ihre Religion aber vermutlich nicht. 1906 promoviert Frey an der Universität Heidelberg zum Dr. jur. und legt in Berlin das Referendarexamen ab. 1908 promoviert er gleich noch einmal zum Doktor der Philosophie und ist nun »Doppeldoktor«. Danach lässt er sich als Anwalt in Berlin nieder, zunächst in der Zimmerstraße. 1911 zieht er mit seiner Kanzlei in die Bellevuestraße 5 und hat ein weiteres Büro am Potsdamer Platz, über dem berühmten Café Josty. Privat wohnt Frey in der Villensiedlung Teltow-Seehof.

Nach dem Ersten Weltkrieg macht Frey schnell Karriere als Strafverteidiger. Sein erster großer Prozess ist der gegen den »Massenmörder« Friedrich Schumann, den Schrecken vom Falkenhagener See, der als erster deutscher Serienmörder gilt. Freys Markenzeichen: das Monokel. Das *Berliner Tageblatt* schreibt, und Frey zitiert es nicht ohne Vergnügen: »Der Verteidiger [...] trägt ein Monokel. Er benutzt es als Beweismittel und rhetorische Wendung. Er klemmt es scharf ein, wenn er dem Staatsanwalt etwas Energisches zu sagen hat. Er lässt es im bewegten Moment pathetisch aus dem Auge fallen. Das sieht sehr vornehm aus.«

In seinen Erinnerungen berichtet Frey mit sichtlicher Freude am Detail von seinen spektakulärsten Prozessen, die zur Zeit der Weimarer Republik Schlagzeilen machten. Dabei lässt er seine Protagonisten sprechen, wie ihnen der Schnabel gewachsen ist – das Berlinische kultiviert er geradezu. Nicht nur das mondäne Berlin der 1920er-Jahre ist ihm vertraut, auch die Welt der kleinen Leute, die Hoffnungslosigkeit in den übervölkerten Mietskasernen. Freys Erinnerungen sind ein lebendiges Abbild der Zeit mit allen ihren Facetten.

1933 wird seine berufliche Karriere – wie die vieler seiner Kollegen – von den Nationalsozialisten abrupt beendet. Am 20. Oktober 1933 verlässt er Berlin und geht 1939 als Universitätsprofessor nach Santiago de Chile. Dort schreibt er u. a. Theaterstücke und arbeitet für einen deutschsprachigen Radiosender. Seinen geliebten Beruf als Strafverteidiger wird er jedoch nie wieder ausüben, nie wieder nach Deutschland oder Berlin zurückkehren. Doch mit seinen 1959 erschienenen Erinnerungen an seine größten Prozesse wird er dem Berlin der 1920er-Jahre ein Denkmal setzen – und sich selbst. Erich Frey stirbt am 30. März 1964 in Santiago de Chile.

Der folgende Text ist ein leicht gekürztes Kapitel aus diesen Erinnerungen, die 2019 im Elsengold Verlag unter dem Titel *Ich beantrage Freispruch! Die Erinnerungen des berühmten Berliner Strafverteidigers* wieder veröffentlicht wurden.

Regina Stürickow

Niemals in meinem Leben werde ich das eisige Gesicht des Landgerichtsdirektors Dr. Peltasohn vergessen, als ich im Großen Schwurgerichtssaal des Landgerichts II in Moabit den Geschworenen zurief: »Ihre Aufgabe ist es, zu verhindern, dass dieser Prozess unter dem schaurigen Stichwort ›Justiz-Irrtum‹ oder gar ›Justiz-Mord‹ in die Annalen der Kriminaljustiz eingeht. Ich beantrage Freispruch für meinen Mandanten, den achtundzwanzigjährigen Gustav Passarge.«

Nicht nur der Vorsitzende, auch die Geschworenen, der Staatsanwalt, die Gerichtsschreiber und die Zuhörer zuckten bei dem Wort Justiz-Mord zusammen. Es war, als hätte ich in einer Kirche den Namen des Leibhaftigen ausgerufen und als müsste die Strafe mit Donnergewalt über den Lästerer hereinbrechen.

Es gibt kein Wort, das in den Ohren eines modernen Richters ungeheuerlicher klingt als: Justiz-Mord. Es ist etwa dasselbe, als spräche man in unserem Zeitalter der Hygiene und der Schutzimpfungen von der Pest. Es ist, als würde das Mittelalter mit seinen Hexen- und Inquisitionsprozessen beschworen. Und nun hatte ich dieses Wort ausgesprochen.

Vielleicht hätte man mir das verziehen, wenn der Mann auf der Anklagebank ein bedauernswertes Opfer unglücklicher sozialer Verhältnisse gewesen wäre. Aber das war Gustav Passarge beileibe nicht.

Auch ohne die stattliche Latte seiner Vorstrafen zu kennen, hätte ihm niemand den unwissend und unschuldig auf die schiefe Bahn gekommenen Jungen geglaubt. Dafür bewegte er sich allzu selbstbewusst, allzu gelassen in seinem wie angegossen sitzenden dunklen Anzug in der Anklagebank.

Er hatte die schlanke Figur eines Weltergewicht-Boxers, ein gut geschnittenes, beinahe schönes Gesicht mit dunklen funkelnden Augen unter schön geschwungenen dichten Augenbrauen. Völlig entspannt saß er da wie ein Panther, die Augen halb geschlossen und doch wachsam.

Er muss wohl die Blicke der Frauen im Zuschauerraum gespürt haben, die sich seinetwegen Tag für Tag die besten Plätze streitig machten. Aber er tat so, als merkte er es nicht. Nur der würdigen älteren Dame mit der Lorgnette erwies er jeden Morgen, wenn sie ihren Platz einnahm, mit knapper kavaliermäßiger Verbeugung seine Reverenz, die von der Dame mit leichtem Kopfnicken und sanftem Erröten erwidert wurde.

Ich hatte dieses Spiel zuerst belustigt, dann mit steigender Verwunderung beobachtet. Die Dame war mit jener etwas altmodischen Eleganz gekleidet, die in Zeiten hektischer Modekapriolen und bei Frauen eines gewissen Alters als Beweis wirklicher Vornehmheit anzusehen ist. Sie trug wenigen, aber kostbaren Schmuck, was ich feststellte, als ich mich in einer Verhandlungspause an ihr vorbei zum Ausgang drängte. Und ich nahm dabei auch einen feinen Duft von Veilchen und Lavendel wahr, der von ihr ausströmte. In der Nachmittagssitzung nahm ich sie genauer aufs Korn. Vielleicht war sie nicht ganz richtig im Kopf, vielleicht fühlte sie sich in einer seltsamen Verwirrung ihres Herzens zu jenem kaltschnäuzig schönen Unterwelt-Adonis hingezogen, der hier wegen Raubmordes angeklagt war.

Ich fragte Passarge, was es mit seiner Verehrerin auf sich habe, ob er sie vielleicht kenne. Er lachte: »Is nich mein Jahrgang und auch nich meine Preislage ... Mit solche Leute kricht es unsaeins doch nur zu tun, wenn wa ihnen de Bude ausräumen. Haben Se den Schmuck jesehen? Wär doch een paar Tage Angst wert, oder ...« Ich war so schlau wie vorher. Ich hätte die Dame ja ansprechen und fragen können, aber das wäre mir taktlos vorgekommen.

Der Prozess hatte sich gewaltig in die Länge gezogen. Die erste Verhandlung war vertagt worden, sieben lange Monate waren vergangen, bis endlich eine neue Verhandlung angesetzt wurde. In der Zwischenzeit erhielt Passarge in der Untersuchungshaft ständig Päckchen mit Backwerk und Zigaretten. Das erste Päckchen wurde von der Gefängnisbehörde zurückgewiesen, weil kein Absender darauf stand. Von da an wurden die Sendungen an mich adressiert, und ich nahm sie mit nach Moabit. Sie enthielten auch keinen Gruß, aber aus dem Einwickelpapier stieg jener feine Duft von Veilchen und Lavendel auf …

Im Januar 1923 begann die zweite Hauptverhandlung. Die Anklage lautete auf Raubmord, begangen an dem achtundvierzigjährigen Teppichhändler Alfred Neißer. Mit Passarge zusammen waren angeklagt der zwei Jahre jüngere Harry Selzer und – die Sensation des Prozesses – Frau Helene Spanier, die Inhaberin einer gutgehenden und bis dahin wohl angesehenen Pension in der Güntzelstraße in Wilmersdorf.

Ihre Verhaftung und die Tatsache, dass man sie als geistiges Oberhaupt einer gefährlichen Verbrecherbande ansah, hatte in der Geschäftswelt des Berliner Westens und in Kreisen der besten Gesellschaft wie ein Blitz eingeschlagen. Denn bis dahin hatte Frau Spaniers elegante Pension bevorzugt ostelbischen Großagrariern und westdeutschen Großindustriellen als Berliner Bleibe gedient, und auch in diplomatischen Kreisen galt das Fremdenheim Spanier wegen seiner ruhigen Lage, seiner geschmackvollen Zimmer und der diskreten Bedienung als bestens empfohlen. Und nun saß Frau Helene Spanier wegen eines Raubmords auf der Anklagebank.

Sie war eine faszinierende Erscheinung, obgleich man sie nach landläufigen Begriffen eher hässlich als hübsch nennen musste. Sie war mittelgroß und hager. Ihre pechschwarzen, ins Bläuliche schillernden Haare umrahmten in einer Madonnenfrisur ihr Gesicht mit den vorstehenden Backenknochen. Die Haut war kalkweiß, ihre schwarzen brennenden Augen lagen in tiefen Höhlen, und unter ihrer schmalen, sanft gebogenen Nase glühte ein voller tiefroter Mund. Eingerahmt von Gustav Passarge und Harry Selzer saß sie auf der Anklagebank, ein Nervenbündel, eine intelligente Katze zwischen diesen beiden jungen, stahlharten, gefährlichen Burschen.

Es war kein Wunder, dass das Auftreten dieses Trios in Moabit einen ungewöhnlichen Ansturm von Zuhörern entfesselt hatte. Dazu kam, dass in diesem Prozess zum ersten Mal scharf hinter die Kulissen der Berliner Unterwelt geleuchtet wurde, die sich seit dem Kriege auch im Berliner Westen angesiedelt hatte.

Es war ein Prozess, der die Bewohner von Berlin-W das Gruseln lehrte. Nun gab es also auch diesseits des Landwehrkanals, was bisher nur den finsteren nördlichen Vierteln hinter dem Alexanderplatz vorbehalten gewesen war: Kaschemmen, Pensionen, in denen organisierte Banden mit der dazu gehörenden Weiblichkeit hausten.

Ich selber, der ich zu jener Zeit schon zwei Massenmörder und einige Hunderte abseitiger Erscheinungen vor Gericht verteidigt hatte, muss gestehen, dass mich der Prozess Spanier-Passarge stark irritierte. Das Zeugenaufgebot, das vor den Schranken von Moabit aufmarschierte, war einmalig. Zu einem Drittel war es eine sogenannte »geschlossene Gesellschaft«, die aus den verschiedenen Gefängnissen und Zuchthäusern in und um Berlin vorgeführt wurde. Das zweite Drittel waren Gäste des Schwedtschen Pavillons in der Körnerstraße, einer einstmals gutbürgerlichen Pension, sowie einer benachbarten Destille. Und das letzte Drittel waren Kriminalbeamte und Untersuchungsrichter. Die Mischung war einmalig …

Ich beobachtete seine seltsame Verehrerin, die alte Dame mit der Lorgnette und dem dezenten Veilchengeruch. Ich sah, wie es in ihren Augen aufleuchtete, wenn eine Aussage für Passarge günstig war, wie sie ihre Lippen aufeinanderpresste, wenn ihn der Richter und der Staatsanwalt in die Enge trieben, und wie sich ihr Blick verfinsterte, sobald Helene Spanier sich auf Kosten der beiden Mitangeklagten aus der Affäre zu ziehen versuchte. Ich glaubte, die alte vornehme Dame hasste Helene Spanier …

Aber was mich am meisten verwunderte, war die Gelassenheit, mit der sie all jene abgrundtiefe Verworfenheit hinnahm, die sich in jeder Zeugenaussage und in jeder Antwort der Angeklagten offenbarte. Sie hörte gebannt zu, hin und wieder nickte sie oder schüttelte abweisend den weißhaarigen Kopf.

Eine Woche lang ging das so. Es kam der Tag, an dem der Staatsanwalt sein Plädoyer hielt und ich ihm in zweistündiger Rede antwortete. Es kam der Schlusssatz meiner Verteidigung, in dem ich die Geschworenen davor warnte, einen Justizmord zu begehen. Der Vorsitzende unterbrach die Verhandlung. Der Saal wurde geräumt.

Ich hatte es eilig, an die frische Luft zu kommen, und mischte mich unter das Publikum, das dem Ausgang zudrängte. Ich schritt wie durch eine Mauer eisigen, ablehnenden Schweigens. Wie die Leute mich ansahen und noch mehr wie sie von mir wegblickten, sagte mir, dass ich mit meinem Plädoyer ihr Empfinden verletzt hatte.

Oft habe ich mich in solchen Fällen gefragt, warum man denn überhaupt noch eine Verhandlung braucht, wozu Richter, wozu Geschworene, wenn seit Wochen das »Schuldig« in alle Hirne hineingehämmert worden ist? Und wenn dann der Angeklagte gar noch unsympathisch ist, wenn er Vorstrafen hat, wenn seine Vergangenheit und seine Erscheinung dafürsprechen, dass ihm die Tat zuzutrauen ist – dann ist er von vornherein auf der Verliererstraße. So war es auch mit Gustav Passarge.

»Ooch wenn a den ollen Teppichhändler nich abjemurkst hat, verknackt mussa wern. Is nich schade drum«, hörte ich einen Mann neben mir reden.

Ich sah mich nach dem Sprecher um.

»Da ham Se sich jan schönet Stück jeleistet, Herr Rechtsanwalt«, meinte er.

»Sagen Sie mal, sind Sie verheiratet?«, fragte ich ihn.

»Ja, wat soll die Frage?«

»Haben Sie schon mal Krach mit Ihrer Frau gehabt?«

»Jelegentlich schon ...«

»Kochen Sie zu Hause mit Gas?«, fragte ich weiter. Er nickte und sah mich misstrauisch an.

»Haben Sie vielleicht schon mal aus Versehen den Gashahn offengelassen?«

»Nich, det ick wüsste.«

»Könnte Ihnen aber doch mal passieren, wie?« Er zuckte mit der Achsel.

»Nun stellen Sie sich mal vor, es passiert Ihnen wirklich mal. Und zufällig haben Sie vorher gerade Krach mit Ihrer Frau Gemahlin gehabt. Sie hat ein Beruhigungsmittel genommen und hat sich für 'ne Stunde aufs Küchenkanapee gelegt. Sie nehmen Ihren Hut und gehen in die Kneipe nebenan, um Ihren Ärger mit 'ner Molle runterzuspülen. Und dann kommen Sie nach Hause. Oben in Ihrer Wohnung sind die Polizei und die Feuerwehr. Und draußen auf dem Treppenabsatz steht die Nachbarin, zu der Sie im Suff mal ›olle Zicke‹ gesagt haben, und erzählt dem Beamten vom Revier, dass sie den Krach vorhin bis runter auf den Hof gehört hat ...«

»So wat von Zufall jibts doch janich«, meinte mein Kritiker. »Das würde Ihnen der Richter wahrscheinlich auch vorhalten«, sagte ich und wollte weitergehen.

Plötzlich fühlte ich mich leise am Ärmel meiner Robe gezupft. Es war die Dame mit der Lorgnette. »Verzeihen Sie die Belästigung«, sagte sie schüchtern. »Ich wollte Ihnen für Ihre mutigen Worte danken ...«

»Mut ist wohl nicht der richtige Ausdruck«, entgegnete ich. »Ich halte den Schuldbeweis für nicht ausreichend. Das ist alles.«

»Sie glauben, dass er es getan haben könnte?«

Auf diese Frage zu antworten, hatte ich kein Recht. Ich persönlich hielt Gustav Passarge für unschuldig. Er gehörte zu jener Klasse von Berufsverbrechern, die nie ein Schießeisen mitnahmen, wenn sie ein Ding drehen wollten. Sie sahen mit Verachtung auf jene Konkurrenten herab, die sich bei der Arbeit »die Finger schmutzig« machten. Das taten nur grüne Jungs, die zu dumm waren, ein Unternehmen so anzulegen, dass ihnen kein Wächter oder Eigentümer überraschend in die Quere kommen konnte. Ich glaubte an Gustav Passarges Unschuld, nicht, weil ich ihn edlerer Regungen für fähig hielt, sondern weil er zu klug und gerissen war.

Die alte Dame schien mein Schweigen richtig zu verstehen: »Es war eine törichte Frage, verzeihen Sie. Guten Tag.«

Sie war schon fast in der Menge untergetaucht, als mich plötzlich ein Gedanke durchschoss. Sie kam mir so verlassen vor, so rührend in ihrem Kummer um einen Menschen, von dem sie durch Welten getrennt war. Bis zur Nachmittagsverhandlung hatte ich anderthalb Stunden Zeit. Ich holte sie ein und fragte sie, ob ich ihr zum Essen meine Gesellschaft anbieten dürfte.

»Ich trinke nur ein Glas Tee. Das übrige habe ich hier.« Sie deutete auf ihren Pompadour.

Wir fuhren in ein stilles, bescheidenes Café-Restaurant im Hansa-Viertel. Ich bestellte Essen für mich und Tee für sie. Aus dem Pompadour brachte sie ein kleines Paket zum Vorschein. Es enthielt zwei Paar hauchdünn geschnittene Klappbrote.

»Gänseschmalz«, sagte sie. »Noch von Weihnachten. Wenn man allein ist, kommt man lange damit aus ...«

Sie schwieg. Doch ich hatte das deutliche Gefühl, dass sie mir gern noch etwas gesagt hätte.

»Das Milieu, das Sie da im Gerichtssaal kennengelernt haben, scheint mir etwas krass für einen Menschen wie Sie«, sagte ich.

»Ja, es ist furchtbar.«

»Ich habe mich gewundert, dass Sie immer wieder kamen.«

Sie sah mich erstaunt an: »Sie haben mich schon öfter bemerkt?«

»Ja ...und auch Ihre Päckchen für Passarge«, sagte ich.

Sie schlug die Augen nieder. »Sie halten mich für sensationslüstern?«

»Nein.«

»Aber für ein bisschen wunderlich?«

Ich schüttelte den Kopf.

»Es fällt mir zwar schwer, darüber zu sprechen«, sagte sie endlich. »Aber ich werde es Ihnen doch erklären.«

Durch Zufall war sie bei der Zeitungslektüre auf den Namen Gustav Passarge gestoßen. Sie erinnerte sich: ihr Mann, durch Krieg und Krankheit lange von ihr getrennt gewesen, hatte ihr vor seinem Tod ein Geständnis gemacht. Er hatte von einer andern Frau einen Sohn. Der Junge war bei guten älteren Leuten untergebracht worden. Später hatte er eine Drogistenlehre hinter sich gebracht. Die alte Dame hatte vergeblich nach diesem Sohn ihres Mannes, von dem sie nur den Namen, Gustav Passarge, kannte, geforscht. Sie hatte ihn aufnehmen wollen, um gutzumachen, was an ihm unterlassen worden war.

Doch Gustav Passarge war nach seiner Entlassung aus englischer Kriegsgefangenschaft nie wieder ins bürgerliche Leben zurückgekehrt. Seinen Beruf wiederaufzunehmen, hatte er gar nicht erst versucht. Aber die in der Lehre und auf der Fachschule erworbenen chemischen Kenntnisse hatte er zu nutzen verstanden – auf seine Weise. Er war zu einem der geschicktesten Scheckfälscher der Nachkriegsjahre geworden. Seinem abenteuerlichen Wesen genügte jedoch die Puzzle-Arbeit nicht. Er hatte seine Fachkenntnisse auf das Knacken von Geldschränken erweitert. Er war zu einem Begriff in der Berliner Unterwelt geworden und unter zahlreichen Namen untergetaucht.

Dem »Matrosen-Willy«, wie er in den Kreisen seiner Kollegen und seiner an Fingern und Zehen nicht abzuzählenden Freundinnen hieß, war die feine alte Dame bestimmt nie begegnet. Und wenn – sie hätte in ihm wohl kaum den Sohn ihres Mannes vermutet.

Und nun machte die alte Dame sich Vorwürfe. Sie meinte, Matrosen-Willy wäre wohl kein Verbrecher geworden, wenn er einen Vater gehabt hätte.

Ich widersprach, erzählte ihr, was ich durch Passarge über dessen Adoptiveltern wusste. Dass sie grundanständige Menschen gewesen waren, dass es dem Jungen an nichts gefehlt habe, dass ihm seine unklare Abstammung erst bekannt geworden sei, als er sich längst auf der abschüssigen Bahn befand. Die Adoptiv-Eltern waren während des Krieges gestorben. Wer sein wirklicher Vater war, hatte Gustav Passarge niemals erfahren.

Das alles sagte ich meiner Begleiterin. Doch es war nur die halbe Wahrheit. Die andere Hälfte unterschlug ich. Wie hätte ich ihr auch jene Unterhaltung wiedergeben können, die ich mit Gustav Passarge, dem Matrosen-Willy, gehabt hatte, als ich ihn nach Übernahme des Mandats im Untersuchungsgefängnis aufsuchte.

Ich hatte mir damals seinen Lebenslauf in Stichworten erzählen lassen. Als er von seiner Herkunft sprach, hatte ich aufgehorcht. Das konnte für die Verteidigung interessant sein, denn die Rechtsprechung fing damals an, Jugend, Erziehung und Milieu der Angeklagten als strafmildernde Gründe stärker in Betracht zu ziehen. Aber da war ich bei Matrosen-Willy schlecht angekommen.

»Lassen Se die ollen Herrschaften jefällichst aus dem Spiel, Herr Rechtsanwalt«, hatte er mich angefaucht. »Die haben jetan, was sie konnten. Und was soll denn der janze Schmus vonwejen unglückliche Jugend, wos doch nur darum geht, ob ick dem Neißer den Jashahn abjedreht habe oder nich. Ick bin ein Ganove und bestreite es nich. Ick habe schon jeklaut, als ick noch nich mitn Kopp über de Tischkante kieken konnte. Mit leere Bierflaschen hat det anjefangen. Die habe ick Muttan aus der Speisekammer jemaust, und für det Pfandjeld hab ick mir Knallkorken jekooft und unta die Straßenbahnschienen jelecht ... Ne, ne, ne, Herr Rechtsanwalt, dass ick een Ganove bin, det muss in mein Blut liejen, die Pflejeeltern könn da nischt für ...

Nur – een Mörder bin ick nich und ooch keen Totschläjer.«

Es muss im Blut liegen … Ich blickte in das feine Gesicht der alten Dame, die gerade sorgfältig das leere Butterbrot-Papier zusammenfaltete und in ihren Pompadour schob. Ich konnte mir nicht vorstellen, dass sie mit einem Mann verheiratet gewesen sein sollte, der unter ihrem Niveau lag. Und doch behauptete der Sohn dieses Mannes, das Verbrechertum läge ihm im Blut.

»Ich werde alles daransetzen, um ihn wieder auf die richtige Bahn zu bringen«, meinte sie, als wir zum Kriminalgericht zurückfuhren.

»Das würde mich für ihn freuen«, sagte ich. Es hätte keinen Sinn gehabt, ihr klarzumachen, dass es ein hoffnungsloses Beginnen sein würde.

»Aber bitte, kein Wort darüber zu ihm«, bat sie.

»Natürlich nicht.«

Die Ereignisse, die zur Anklage Gustav Passarges geführt hatten, waren mir bis ins kleinste Detail bewusst. Unter dem Bülowbogen, dort wo die Potsdamer Straße von der Bülowstraße gekreuzt wird, hatte es begonnen. Es war ein schöner Juni-Abend des Jahres 1920 gewesen …

*

Heulend und klappernd jagten die gelb-roten Hochbahnzüge über die in der Mitte der Bülowstraße zwei Stockwerk hoch gelegenen Gleise. Aus dem Schatten eines der massiven Stahlpfeiler, die den Bahnkörper tragen, löste sich eine Gestalt und folgte einer Dame, die beim »Café Eck« in die Bülowstraße einbog.

Der Mann trug einen runden Hut, den die Berliner »Koks« nennen, ein elegant geschnittenes Jackett und graugestreifte Hosen. Die offene Jacke ließ eine graue Weste sehen, über die sich eine schwere Uhrkette spannte. Ob sie aus Gold oder Doublé war, hätte näherer Untersuchung bedurft. Der Mann hatte es eilig, denn die Dame vor ihm schritt zügig aus. Er nahm die Zigarre, die ihm bisher lässig im Mundwinkel gehangen hatte, in die Hand und setzte sich in Trab.

Die Frau musste seinen Schritt gehört haben. Sie verlangsamte ihr Tempo und blieb schließlich stehen. Ohne Begrüßung sagte sie leise: »Hast du den Scheck?«

»Na, Sache!«

»Gut, dann muss das Biest heute dran glauben … so oder so.«

»Gewalt kommt bei mir nicht in Frage«, sagte er. »Das weißt du doch.«

Sie antwortete nicht, sondern sah ihn mit einem Blick ihrer brennenden schwarzen Augen an, der halb belustigt, halb mitleidig war. Er schlug die Augen nieder, als könne er ihren Blick nicht ertragen.

»Was ihr für schwache Nerven habt«, sagte sie.

Raschen Schritts gingen sie in Richtung Nollendorfplatz und bogen in die Zietenstraße ein. Von der Zwölf-Apostel-Kirche her schlug es einmal. Halb acht.

Matrosen-Willy, früher Gustav Passarge, lief stumm neben ihr her und betrachtete sie von der Seite. Sie trug ein mauvefarbenes Kostüm, das nur aus einem der ersten Berliner Salons stammen konnte. Auf Maß gemacht und bar bezahlt, natürlich. Denn es gehörte zu den Grundsätzen der Frau Helene Spanier, nie ein Stück am Leibe zu tragen, das von ihrer Bande, »den Jungs«, wie sie sagte, gestohlen worden war.

Wie ein Piesepampel kam Matrosen-Willy sich vor, wenn er ihre feine Schale mit seiner schäbigen Aufmachung verglich. Aber sie hatte das so angeordnet. Bei dem Besuch, den sie vorhatten, würde sie als die große Dame auftreten, die sich nach langem Zögern zum Kauf einiger wertvoller Bokhara-Brücken entschlossen hat. Dreimal hatte sie den Teppichhändler Neißer, der seine Geschäftsräume seit kurzem im Seitenflügel des Hauses Steglitzer Straße 28 hatte, besucht und sich die besten Stücke zeigen lassen. Er hatte horrende Preise gefordert. Die Gelegenheit hatte sie genutzt, die Lebensgewohnheiten des schwerreichen Mannes auszukundschaften, wann er seine Angestellten nach Hause entließ und wann er sich in sein winziges Kontor mit dem Geldschrank zurückzog. Acht Uhr abends war die günstigste Zeit. Sie hatte sich für heute zehn Minuten nach acht Uhr angemeldet, nachdem sie sich »schweren Herzens entschlossen hätte«, den geforderten Preis zu zahlen. Das Geld würde sie mitbringen, ebenso ihren Hausdiener zum Abtransport der Teppiche und ihren Sohn …

»Den Hausdiener machst du, Matrosen-Willy. Und du, Schlächter-Willy, du bist mein Sohn«, hatte sie bei der letzten Besprechung angeordnet. »Matrosen-Willy trifft mich an der Bülowstraße, du, Schlächter-Willy, kommst die Steglitzer Straße von der Flottwellstraße runter und gehst fünf Minuten nach uns ins Haus. Matrosen-Willy, du fertigst einen Scheck über 74 000 Emm aus, gibst ihn mir aber erst, wenn wir im Hausflur sind. Alles klar?«

Ja, so pflegt es zu gehen, wenn man sich mit einem weiblichen Boss einlässt, seufzte Matrosen-Willy im Stillen, als er jetzt neben ihr her trabte.

Zuerst war seine Verbindung mit ihr rein geschäftlich gewesen. Sie hatte ihm ein paarmal hervorragende »Annoncen« geliefert, fertig ausgekundschaftete Gelegenheiten für große Einbrüche. Solche »Eitzes« fielen wahrscheinlich in der vornehmen Pension ab, die sie in der Güntzelstraße unterhielt. Sie hatte beim ersten Mal nur wenig Provision dafür genommen. Vielleicht wäre es dabeigeblieben, wenn er sich nicht auch als Mann mit ihr eingelassen hätte. Das war sein Fehler gewesen, den er schon tausendmal bereut hatte und den er doch immer wiederholte.

Denn bei Helene Spanier zu Haus, in ihrer kultivierten Wohnung, war er diesem Teufelsweib hilflos ausgeliefert. Er wusste selbst nicht, woran es lag. Nur manchmal ahnte er dumpf, dass es wohl eine heimliche, nie eingestandene Sehnsucht nach etwas Gepflegtem war, nach etwas mehr Geist, Witz und Raffinement, als ihm die Gäste des Schwedtschen Pensionats in der Körnerstraße bieten konnten. So war aus der gelegentlichen Eitzes-Geberin eine ständige Partnerin geworden, aus ihren paar Prozent Provision eine Beteiligung auf halbe-halbe und schließlich aus der Partnerin eine Chefin.

»Bist ja so still«, sagte sie, als sie an der Markthalle am Magdeburger Platz vorbeigingen. Sie waren etwas zu früh dran und machten einen Umweg.

»Hausdiener reden nich, wenn se mit ihrer Jnädijen einkaufen jehn«, brummte Matrosen-Willy.

»Beleidigte Leberwurst?«

Er sagte nichts. Er war mit seinen Gedanken bei dem Ding, das sie vorhatten. Es war eine verdammt gewagte Sache, wie nur Helene Spanier sie sich ausdenken konnte.

Wie jeder berufsmäßige Einbrecher war auch Matrosen-Willy darauf angewiesen, dass ihm ein

»Schärfer«, ein Hehler, seine Beute abnahm. Und in den letzten Jahren war die Macht der Hehler gewaltig gestiegen. Das lag wohl daran, dass sie weniger Abenteurer-Naturen als Kaufleute waren. Sie hatten Organisationen, gegen die jene der Einbrecher harmlose Vereinchen waren. Sie hatten Macht, und wer die Macht hat, diktiert die Preise. Dagegen war nichts zu machen. Ganoven, die versuchten, ohne Schärfer zu arbeiten, gingen regelmäßig ein paar Tage später »vaschütt«. Die hintergangenen Hehler brauchten nur durch Mittelsmänner der Polizei einen Wink zu geben ...

Die Organisation reichte vom kleinen Altwaren-Händler bis in gesellschaftliche Höhen, von denen der schwerarbeitende Ganove nichts ahnte. Er kannte nur seinen Schärfer, wer dahinterstand, ahnte er schon nicht mehr.

Da hatte Helene Spanier eines Tages gesagt: »Jungs, ich habe eine Idee. Ich bring' mal 'raus, wer sich an den Sachen gesund stößt, die ihr für ein Schandgeld absetzen müsst.«

Matrosen-Willy und Schlächter-Willy hatten bedenkliche Gesichter gemacht: »Da lass lieber die Finger von, det jibt bloß schlimmen Ärjer.«

Drei Tage später hatte sie raus, wer der große oder zumindest einer der größeren Leute des Hehlerringes war: Alfred Neißer, Teppichhändler, Steglitzer Straße 28, Seitenflügel. Dort hatte sie mit Sicherheit eine Reihe wertvoller Teppiche wiedererkannt, die Harry und Gustav ein paar Tage zuvor in einer Dahlemer Villa erbeutet hatten, darunter auch die drei herrlichen Bokhara-Brücken.

Ihr war schwindlig geworden, als der Alte den Preis nannte. 74 000 Mark. Und genauso hatten die beiden Willys Mund und Nase aufgerissen, als sie ihnen von ihrer Erkundung berichtete: »Vierundsiebzig Mille, zehnmal so viel, wie wir dafür bekommen haben …«

»Ihr wollt's ja nicht besser haben«, hatte sie gesagt.

»Wat solln wa denn tun?«

»Ich kaufe die Brücken zurück.«

»Haste 'n Onkel in Amerika?«

»Nein, aber einen Freund, der wunderschöne Schecks machen kann.« Dabei hatte sie Matrosen-Willy bedeutungsvoll angeblickt. Und Matrosen-Willy war zusammengezuckt. Von diesem seinem zweiten Geschäftszweig hatte er ihr nie ein Sterbenswörtchen gesagt. Ob Harry gepfiffen hatte? Unwahrscheinlich. Auf jeden Fall: Die Frau war noch gefährlicher, als er geahnt hatte …

»Der Neißer wird sich ausjerechnet mit'n Scheck zahlen lassen«, hatte Schlächter-Willy gesagt.

»Von mir schon!« Mit diesen Worten hatte Helene Spanier die Diskussion abgebrochen und war zur Besprechung des Plans übergegangen …

Jetzt bogen sie in die Steglitzer Straße ein. Nummer 28 lag an der Ecke Körnerstraße, nur ein paar Häuser vom Schwedtschen Pensionat entfernt, wo Matrosen-Willy unangefochtener Herr war, seit der schwächliche Ehemann der Besitzerin mit Krach das Feld geräumt hatte. Matrosen-Willy hätte viel darum gegeben, wenn er jetzt seine Beine unter den Tisch der Frau Schwedt hätte strecken können, statt diese windige Geschichte mit dem Hehler zu machen.

Helene Spanier schien seine Gedanken zu ahnen. »Hab keine Angst, in der Bude ist es so dunkel, dass er dich bestimmt nicht erkennt. Bleib nur schön im Hintergrund ...«

Sie traten in den breiten Torweg, in dem ein paar rotznäsige Kinder spielten. Dann ging es die breiten, ausgetretenen Stufen empor. Trübe Gasfunzeln blakten auf den Treppenabsätzen.

»Den Scheck«, zischte Helene Spanier. Matrosen-Willy gab ihr das Papier. Sie steckte es in ihre Handtasche, ohne nachzusehen. Sie schien restloses Vertrauen in Willys Fälscherqualitäten zu setzen.

Zweimal zog sie den messingnen Klingelknopf. Schlurfende Schritte, die Tür öffnete sich einen Spalt. Schwacher Lichtschein fiel heraus.

»Ach, Sie sind es, gnä Frau«, sagte eine knarrende Stimme. »Es ist ja gegen meine Gewohnheit, zu so später Stunde noch Geschäfte zu machen ... Aber bitte treten Sie näher.«

Der Teppichhändler Alfred Neißer öffnete eine Tür, hinter deren Mattglasscheibe trübes Licht schien. Er ging vor Helene Spanier in das Zimmer. Als Matrosen-Willy ihr folgen wollte, schob ihm der Alte die Tür vor der Nase zu: »Der Herr kann draußen warten.«

Drinnen hörte er die leise, etwas weinerliche Stimme des Alten. Vielleicht versuchte er, den Preis von 74 000 Mark noch ein wenig in die Höhe zu treiben. Beim Gedanken an diese Summe packte den Matrosen-Willy die heiße Wut. 74 000 Emmchen! Und er hatte von seinem Hehler knapp 7000 für die Teppiche bekommen. 7000 dafür, dass er drei Tage und drei Nächte die Dahlemer Herrschaftsvilla ausbaldowert hatte, dass er sich die rechte Hand beim Einsteigen in das vergitterte Parterre-Fenster verstaucht hatte. Und dann war ihm noch der Nachtwächter mit seinem Köter dazwischengekommen. Von der fetten Beute, die Helene Spanier »annonciert« hatte, waren nur die drei Bokhara-Brücken leicht genug gewesen, dass Matrosen-Willy sie beim eiligen Rückzug mitgehen lassen konnte.

Und dann noch die Schwierigkeiten, bis er sie endlich losgeworden war … Er hörte noch das geringschätzige Brummen des »Schürfers«, dem er die Brücken gebracht hatte. Mit abgespreizten Fingern, als handele es sich um ein paar wochenlang getragene Fußlappen, hatte der Hehler die Teppiche befühlt. Erst hatte er sie überhaupt nur in Kommission nehmen wollen. Aber diesen Trick, die Preise zu drücken, kannte Matrosen-Willy zu gut. »Bar Kasse, oder ich schenk' die Dinger meiner Schlummer-Mutter, vastanden«, hatte Matrosen-Willy gesagt. »Und soviel versteh' ick ooch, dass die Dinger echt sind. Zehntausend Emm und dann ab dafür!«

Mit siebentausend hatte er sich schließlich zufriedengegeben. Und nun waren die Teppiche in der Hehler-Kette zum Teppichhändler Neißer gelangt, und der verlangte das Zehnfache. Stehlen lohnte sich nicht mehr …

Die beiden Schatten in dem Zimmer hatten sich zu einem einzigen vereinigt. Jetzt zog Helene Spanier wahrscheinlich aus ihrer Handtasche den Scheck über 74 000 Mark, den Matrosen-Willy gefälscht hatte. Um die Sache vertrauenerweckender zu machen, hatte er den falschen Scheck kunstvoll in ein halbleeres Scheckheft eingeklebt.

»Ich verstehe nicht, wo mein Sohn bleibt«, hörte er Helene Spanier sagen. »Er hat das Bargeld. Wenn Sie schon einer Dame nicht trauen …«

»Es ist kein Misstrauen, gnädige Frau. Es ist nur in unserer Branche nicht üblich, Schecks zu nehmen.«

Also ist die Sache mit dem Scheck schiefgegangen, dachte Matrosen-Willy.

Die Spanier trat auf den Flur und sagte zu Matrosen-Willy: »Gehen Sie doch mal 'runter und sehen Sie nach, wo der junge Herr bleibt.«

In diesem Augenblick schrillte die Flurklingel.

»Na, endlich«, seufzte Helene Spanier erleichtert.

Der Teppichhändler schlurfte zur Tür. Sobald er den beiden den Rücken kehrte, machte Helene dem Matrosen-Willy ein Zeichen – eine unmissverständliche Bewegung mit der offenen, flachen Hand.

Willy nickte. So war es verabredet: Falls der alte Hehler den Scheck nicht annahm, sollte Matrosen-Willy ihn mit einem Schlag auf die Halsschlagader bewusstlos machen.

Der Alte hatte umständlich die Vorhänge-Kette ausgehakt. Er machte die Tür auf.

»Sind Sie der Herr mit dem Geld?«, krächzte Neißer.

»Geld?« Schlächter-Willy stutzte. »Ach so … ja … natürlich … Geld habe ich. Hat die gute Mama mal wieder bargeldlos die halbe Welt kaufen wollen?«

Schlächter-Willy sah wirklich aus wie ein Gent aus gutem Hause. Er hatte einen hellgrauen, englisch-karierten Sommeranzug an und trug dazu nadelspitze, zweifarbige Shimmy-Schuhe mit beigefarbenen Leinen-Gamaschen.

»Entschuldige tausendmal, Mama«, sagte er und hauchte Helene Spanier einen Kuss auf die weißgepuderte Wange.

Als der Teppichhändler an Frau Spanier vorbei ins Zimmer ging, fing Matrosen-Willy einen Blick von ihr auf. Sie kniff das eine Auge zusammen und zog die Augenbraue des anderen hoch. Das war ein Befehl. Hinter Helene Spanier und Schlächter-Willy betrat er als Letzter den Raum.

»Freut mich, dass es doch noch klappt«, sagte Neißer und blickte händereibend Schlächter-Willy an. Schlächter-Willy griff mit der Rechten nach der Innenseite des Jacketts, als wolle er seine Brieftasche zücken.

Das war der Augenblick. Matrosen-Willy sah den gekrümmten Rücken des Alten vor sich. Er sah den faltigen Hals in dem zu weiten Hemdkragen, sah die pulsierende Schlagader, die er mit der Handkante treffen musste, um den Alten für einige Zeit außer Gefecht zu setzen. Er hob die Hand … Und in der Hundertstelsekunde, als er sie niedersausen ließ, sah er den Hund.

»Aas, Töle«, schrie Willy. Es war ein Hilfeschrei. Und schon warf sich Schlächter-Willy auf den schweren, stämmigen Schäferhundrüden. Mit der Linken griff er ins Halsband, und die behandschuhte rechte Faust stieß er in den geöffneten Rachen des Tieres.

Der Teppichhändler Alfred Neißer war ohne Laut zu Boden gesunken.

»Die Töle zerkratzt mir die Visage … halt ihr

die Pfoten fest«, keuchte Schlächter-Willy. Matrosen-Willy sprang zu und packte die wildarbeitenden kräftigen Beine.

»Mach die Tür da auf, steh nicht ’rum«, herrschte er die Spanier an. Seine unbändige Wut galt nicht dem Tier, das seinen Herrn verteidigt hatte, sondern der Komplicin. Dreimal war sie bei Neißer gewesen und hatte nicht entdeckt, dass er sich einen Hund hielt. Vielleicht hatte sie das Tier sogar bemerkt, es war ihr aber nicht aufgegangen, wie wichtig das war.

Helene Spanier riss die Tür zum Nebengelass auf. Es war dunkel. Sie schleppten das sich windende Tier hinein.

»Strippe her! Rasch!« rief Matrosen-Willy.

Gleich darauf kam die Spanier mit einer dicken Kordel.

»Durchs Halsband schlingen und dort an der Ofentür anbinden. Aber fest!«

Helene Spanier gehorchte wortlos. Matrosen-Willy sah, wie ihre Hände flogen. Ein grimmiges Triumph-Gefühl überkam ihn. Helene Spanier würde ihn nie wieder herumkommandieren.

Vorsichtig ließ Matrosen-Willy die Hinterläufe des Hundes los und prüfte die Schnur. Sie war kräftig, und die Spanier hatte sie dreifach genommen. Die Fessel würde der Hund nicht so rasch zerreißen.

»Ab!« zischte Matrosen-Willy.

Sie ließen den Hund los und sprangen zurück. Mit einem wütenden Aufheulen wollte das Tier ihnen nach, aber die knappe Fessel riss es zurück auf die Hinterhand. In ohnmächtiger Wut bellte es auf.

»Die Töle bringt uns die janze Nachbarschaft aufn Hals«, fluchte Schlächter-Willy. Er schloss die Tür hinter sich.

In seinem Verkaufsraum lag der Teppichhändler Neißer noch immer so, wie er hingestürzt war. Matrosen-Willy kniete neben ihm am Boden nieder, schob sich den runden schwarzen Hut in den Nacken und brachte sein Ohr an den Mund des Regungslosen.

»Röchelt«, konstatierte Matrosen-Willy. Er griff nach dem Puls. »Verdammt schwach … aber schnell wie 'n Maschinengewehr …« Er richtete sich auf. Auf seiner Stirn perlten Schweißtropfen.

Die Spanier zog einen großen Teppich heran.

»Was willst 'n damit?« fuhr er sie an.

»Den Alten einwickeln und binden, damit er nich so schnell …«

»Hier!« Matrosen-Willy tippte sich mit dem Zeigefinger an die Schläfe. »Mulleckendoof, wat?« Er stand auf.

»Sauerei«, sagte Schlächter-Willy und betrachtete seine Hand. »Bluteste?«

»Nee, aber die Pfote is jeschwollen.«

»Bedank dich bei der jnädijen Frau!«

Helene Spanier sah zerbrochen aus, wie um Jahre gealtert. Im Nebenraum heulte wie besessen der Hund.

»Nischt wie ab«, entschied Matrosen-Willy.

Er schob mit dem Fuß hastig einen Läufer wieder zurecht, der bei dem Kampf mit dem Hund verrutscht war. Sonst noch irgendwelche Spuren? Fingerabdrücke hatte es keine gegeben, denn alle drei hatten sie ihre Handschuhe nicht ausgezogen.

Auf dem Tisch lag noch der Scheck. Matrosen-Willy steckte ihn ein. Dann wollte er gehen.

»Und die Bokhara-Brücken?« fragte Helene Spanier, als sie schon an der Tür waren.

Matrosen-Willy drehte sich um: »Wenn's um den Reibach geht, denkt die Jnädigste an alles.«

Er überlegte einen Augenblick. Was konnte passieren, wenn sie die Teppiche mitnahmen? Die Polizei ... nein, die würde Herr Neißer im eigensten Interesse nicht alarmieren. Doch die mächtigen Hintermänner des Hehler-Rings würde er auf die Beine bringen. Das konnte gefährlich werden, denn diese Herren pflegten mit Ganoven, die sich gegen die geschäftlichen Gepflogenheiten vergingen, kurzen Prozess zu machen. Aber Hellseher waren die schließlich auch nicht. Der alte Neißer hatte ihn überhaupt nicht und den Schlächter-Willy auch nur flüchtig gesehen. Nur Helene Spaniers Aussehen würde er sich eingeprägt haben. Aber mit deren

Beschreibung konnte er nichts anfangen. Niemand wusste ja etwas von der vornehmen Bekanntschaft der beiden Willys …

»Schön, nehmen wir die drei Lappen mit«, sagte er. »Aber halbe-halbe is nich. Die Dinger gehören dem Schlächter-Willy und mir … Was meinste, Willy, zahlen wir ihr fünf Prozent Provision?«

Schlächter-Willy machte verlegene Miene. Auch er hatte keinen schlechten Zorn auf Helene Spanier. Aber er zog keine Folgerungen daraus, dafür stand er zu stark im Bann ihres starken Willens und ihrer Verführungskunst. Für ihn blieb sie die Chefin …

Helene Spanier hatte das von Neißer nicht mehr fertig gemachte Paket mit den Bokhara-Brücken verschnürt. Matrosen-Willy nahm es unter den Arm. Er trat schnell noch einmal zu Neißer, der unruhig stöhnte. »Rasch, ehe er zu sich kommt …«

Der Hund heulte wütend auf, als sie aus der Wohnung schlichen. Matrosen-Willy ging als Letzter. Sie waren knapp zehn Minuten bei dem Teppichhändler gewesen. Ihm kam es wie eine Ewigkeit vor.

Sie waren eine Treppe tiefer, als unten eilige Schritte heraufkamen. Es war eine Frau mit einem Wäschekorb. Geistesgegenwärtig zog Matrosen-Willy seinen runden schwarzen Hut und hielt ihn so, dass sein Gesicht verdeckt wurde.

»Nabend«, sagte die Frau und ließ die drei vorbei. Sie gingen über den Hof, an den Müllkästen vorüber. Es wurde schon dämmrig. Der Hausflur lag im Dunkeln. Das Tor, das bei ihrer Ankunft offen gestanden hatte, war zu. Matrosen-Willy drückte die Klinke herunter. Die Tür war verschlossen.

»Dichtjemacht«, raunzte Matrosen-Willy.

»Daran bin ich aber nicht schuld.«

»Quatsch keine Opern!«

»Nananana«, beschwichtigte Schlächter-Willy. Matrosen-Willy horchte ins Treppenhaus des Vordergebäudes. Kein Schritt, kein Türklappen. Er ging zum Hoftor zurück, blickte hinauf zu dem schmutziggelben Lichtfleck des Fensters, hinter dem sie den ohnmächtigen Neißer zurückgelassen hatten. Wenn er jetzt zu sich kam, saßen sie schön in der Patsche. Und ein Handkantenschlag war schließlich keine Dauernarkose. Deutlich hörte er das Heulen des Hundes.

»Verdammte Bestie«, schrie eine Männerstimme aus einem offenen Fenster im dritten Stock.

»Willy, komm!« Er hörte Schlächter-Willys leise Stimme neben sich. Das Haustor wurde von draußen aufgeschlossen. Die beiden Willys traten ins Dunkle. Ein Mann kam herein und schreckte zurück, als er sich plötzlich Helene Spanier gegenübersah.

»Ach, würden Sie die Freundlichkeit haben, uns 'rauszulassen«, sagte Frau Spanier.

»Bitte sehr«, brummte der Mann. »Einmal steht der Torweg die jeschlagene Nacht uff, und dann machen se'n am hellichten Tach ssu. Mit der Pochtjeeschen fahr ick noch mal Schlitten.«

Genauso hatte mir Matrosen-Willy die Geschichte erzählt.

*

Fast zwei Jahre waren seitdem vergangen. Jetzt trafen sich alle vor dem Schwurgericht – die temperamentvolle Frau Spanier und ihre beiden Begleiter von damals, der Matrosen-Willy und der Schlächter-Willy.

Und ich saß vor ihnen auf der Verteidigerbank als einer von fünf bekannten Berliner Strafverteidigern, die sich in die Verteidigung der Angeklagten teilten. Mein besonderer Schützling war der Matrosen-Willy.

Jetzt stand gerade Herr Karpinski als Zeuge vor dem Richtertisch, der Mann, der damals die Haustür geöffnet hatte. Der Vorsitzende, der sympathische Landgerichtsdirektor Dr. Peltasohn, sagte mit seiner ruhigen, gütigen Stimme: »Es ist ja schon lange her, Herr Karpinski ... Aber vielleicht ist es Ihnen doch möglich, sich noch daran zu erinnern?«

»Und ob, Herr Rat! Ick erinnere mir, als wenn det jestern jewesen wäre.«

»Erkennen Sie in der Angeklagten Frau Spanier die Frau wieder, die Sie an jenem Abend aus dem Hause Steglitzer Straße gelassen haben?«

»Ja, dis isse! Son Jesicht vajisst man nicht so leicht.«

»Und erkennen Sie in den beiden Angeklagten Passarge und Selzer die Begleiter der Dame wieder?«

»Die Jesichter ha ick nich jesehen, Herr Rat ... Die beeden Herrn ham sich ja ’n bissken scheu an mir vorbei int Freie jedrückt. Aber der Fijur nach ... Vielleicht könnten die Herrn mal uffstehn.«

Der Vorsitzende ließ die beiden Willys aufstehen.

»Ja, wenn ick die Jröße und Fijur in Betracht ziehe, würde ick sagen: Det warn se ...«

In diesem Augenblick sprang ich auf: »Ich habe eine Frage an den Zeugen.«

»Bitte«, sagte der Vorsitzende.

»Herr ...« Ich blätterte in meinen Papieren und tat, als sei mir der Name des Mannes entfallen. Ich fühlte, wie er mich gespannt anblickte.

»Karpinski«, sagte er schließlich ungeduldig.

»Ja, richtig, Herr Karpinski. Entschuldigen Sie vielmals. Aber Sie sind doch vorhin durch einen Justizwachtmeister aufgerufen worden, als Zeuge in den Saal zu treten.«

»Jawoll, ja, natürlich«, sagte Karpinski.

»Schön, würden Sie bitte einmal zur Saaltür gehen und dem Gericht den Wachtmeister zeigen, der Sie hereingerufen hat?«

Der Zeuge blickte hilfesuchend zum Vorsitzenden. Der nickte zustimmend und warf mir dann einen amüsierten Blick zu. Herr Karpinski ging zur Tür, öffnete sie und blickte hinaus. Draußen standen zwei Justizwachtmeister, das wusste ich.

»Nun, welcher war's?«

»Ich glaube, es war der da.« Der Zeuge deutete zögernd nach rechts.

»Ach bitte, sagen Sie doch dem Wachtmeister, er möchte einen Moment hereinkommen.«

In der Tür erschien in seiner grünlichen Uniform ein schnauzbärtiger Beamter.

»Herr Wachtmeister, haben Sie vorhin den Zeugen aufgerufen?«, fragte ich.

»Nein, das war mein Kollege«, antwortete der Beamte.

»Danke, das genügt mir«, sagte ich unter schallendem Gelächter der Zuhörer.

Herr Karpinski stand verloren an der Tür. Er zuckte mit den Schultern und schluckte heftig.

»Ich bitte mir Ruhe aus«, sagte der Vorsitzende. »Der Zeuge kann sich setzen.«

Es war ein Trick von mir. Um es ehrlich zu sagen, ein billiger Trick. Ich war nicht stolz darauf, obgleich er seine Wirkung getan hatte. Aber ich konnte in diesem Prozess mit meinen Mitteln nicht wählerisch sein. Denn die Sache stand schlecht für Gustav Passarge, für Matrosen-Willy. Auch ein gelungener Trick wie der mit Herrn Karpinski konnte das Blatt nicht zugunsten meines Mandanten wenden. Denn am schwersten hatte Matrosen-Willy sich selber belastet.

Er hatte nämlich vor der Berliner Kriminal-Polizei ein Geständnis abgelegt: »Ja, ich habe den Teppichhändler Alfred Neißer umgebracht.«

War die Schilderung wahr, die Matrosen-Willy mir von seinem Besuch bei dem Teppichhändler Neißer gegeben hatte? Oder das Geständnis, das er vor dem Kriminalkommissar Trettin abgelegt und vor dem Untersuchungsrichter widerrufen hatte?

Nur eins wusste ich sicher: Der Teppichhändler Alfred Neißer war in der Nacht vom 2. zum 3. Juni 1920 ermordet worden. Und am Abend des 2. Juni hatten die beiden Willys und die Spanier seine Wohnung fluchtartig verlassen.

Am 6. Juni schrieb das »Acht-Uhr-Abendblatt«: *So eifrig auch die Kriminalpolizei die Nachforschungen nach dem Mörder des Teppichhändlers Neißer betreibt, so wenig ist es ihr bisher gelungen, auch nur eine Spur zu finden. In der Gegend der Steglitzer Straße nimmt man die verborgensten Schlupfwinkel aus. Leider blieben alle Bemühungen erfolglos.*

»Det war vielleicht 'n dollet Theater«, sagte der Matrosen-Willy, als er mir fünf Vierteljahre später in seiner Zelle in Moabit die Geschichte seiner Verhaftung erzählte. »Die Bullen hatten übrijens janich son schlechten Riecher.« Matrosen-Willy nannte wie jeder aus der Zunft die Kriminalbeamten nur Bullen. »Die haben jleich uff den Schwedtschen Pavillon jetippt.«

Die Streifmannschaft vom Alexanderplatz hatte das Schwedtsche Pensionat gründlich durchsucht. Matrosen-Willy, seine Freundin Gold-Erna und die Elite der Pavillon-Besatzung wurden festgenommen.

»Drei Tage ham se mich damals ausjequetscht«, erzählte mir der Matrosen-Willy. »Kriminalkommissar Trettin, Sie wissen doch, der Kleiderschrank mit dem künstlichen Arm, hat es erst uff die süße Tour versucht und dann uff de rabiate ... Aber ick hab' sofort jespannt, dass die Razzia bei Schwedts ein Jriff ins Blaue war, det se nischt wussten. Na, und die Jungs und Mädels von Schwedt, die haben dichtjehalten.«

Ich blickte erstaunt auf: »Wieso dichtgehalten, wussten sie denn etwas?«

Matrosen-Willy zuckte die Schultern: »Nee, nee, das war nur son Jerede ...«

Ich hatte das deutliche Gefühl, dass Matrosen-Willy mir etwas verschwieg.

»Wann haben Sie eigentlich erfahren, dass Neißer nicht mit dem Leben davongekommen ist?«, fragte ich und beobachtete scharf mein Gegenüber. Aber in dem bleichen Gesicht rührte sich nichts.

»Noch in derselben Nacht.«

»Neißer wurde aber doch erst am Morgen gefunden?«

»Ja, das ist ja das Seltsame«, sagte Matrosen-Willy. »Ich hab' damals in der Nacht, nachdem ich mich von der Spanier und Schlächter-Willy getrennt hatte, noch einen Einbruch vorgehabt. Erst bin ich noch ins Schwedtsche Pensionat gegangen und habe mit der Gold-Erna einen gezischt. Dabei hätte ich den Einbruch beinahe vergessen. Rosenkavalier und Sachsen-Willy, meine Kumpels, haben mich stockbetrunken zum Einbruch in eine Taxe geschleift. Es war ein Schuhgeschäft in der Rheinstraße in Friedenau ... Nachdem die Sore, zweihundert Paar Schuhe, weggebracht war, bin ich nach Hause jelatscht.

Bei Schwedts ging ich in die Küche. Ich hatte Hunger. Da saßen die Weiber zusammen und tuschelten. Ich hörte den Namen Neißer. ›Wat is mit Neißer?‹, fragte ich. Sie glotzten mich dumm an. Und dann sagte die Muschi, was die Nichte von der Frau Schwedt ist, zu mir: ›Na, das weißt du doch am besten.‹«

»Können Sie sich das erklären?«, fragte ich.

»Damals nich«, sagte Matrosen-Willy.

»Und jetzt?«

»Jetzt schon.«

»Wieso jetzt?«

»Na ja ... jetzt weiß ich, dass nach uns noch einer in der Wohnung gewesen sein muss.«

»Und wer sollte das gewesen sein?«

»Na, selbstverständlich der wirkliche Freund der Frau Spanier, sie nannten ihn damals den Spaniola. Der hatte von der Spanier gehört, was bei Neißer geschehen war, und war gleich hingegangen, um den ganzen Laden auszuräumen. Wir hatten doch nur drei kleine Bokharas mitgenommen. Spaniola muss dann Neißer umgebracht, den Hund erstochen und den Rahm abgeschöpft haben.«

»Und woher wusste Muschi davon?«

»Na, von Spaniola.«

»Ist die Muschi als Zeugin greifbar?«

»Eben nicht«, sagte Matrosen-Willy. »Die ist mit Spaniola abgehauen und verschollen.«

»Wer ist denn dieser Spaniola?«

»Sie kennen Spaniola nich?« Matrosen-Willy lächelte mitleidig.

Ich sollte Spaniola noch kennenlernen, den großen Unbekannten, den ich im Prozess gegen den Matrosen-Willy zur Überraschung des Gerichts und zum peinlichen Erstaunen des Kriminalkommissars Trettin aus der Versenkung hervorholte …

*

Als nach einem Jahr der Mord an dem Teppichhändler Neißer immer noch nicht aufgeklärt worden war, wurde er für die Berliner Kriminalpolizei zu einem »nassen Fisch«. Einen nassen Fisch nannte man im

Polizeipräsidium die ungeklärten Fälle. Und nasse Fische waren für einen Kriminaler dasselbe wie Vorstrafen für einen Ganoven.

Da saß eines Tages im Café Eck in der Bülowstraße die berühmt-schöne »Gold-Erna« dem Kriminaloberwachtmeister Dettmann gegenüber.

Vor acht Wochen war ihr Schatz, der Matrosen-Willy, überraschenderweise verschüttgegangen. Man hatte ihm Scheckfälschungen nachgewiesen und ihn für anderthalb Jahre ins Gefängnis nach Plötzensee geschickt. Gold-Erna war bereit gewesen, ihrem Willy nach besten Kräften treu zu bleiben. Aber dann war die Muschi dazwischengekommen, das Miststück, die Nichte der Pensionswirtin in der Körnerstraße 11.

Muschi hatte ihr von Willys Eskapaden mit der vornehmen Frau Spanier erzählt. Muschi hatte aber auch behauptet, dass zwischen Matrosen-Willy und ihr etwas gewesen sei. Und zum Beweis hatte sie einen Brillantring gezeigt der auf der Innenseite mit M-W graviert war. Das hatte bei der Gold-Erna sämtliche Sicherungen 'rausgeschlagen. Und deshalb fielen an jenem Abend, als sie mit dem »Bullen« Dettmann zusammen am Tisch saß, aus ihrem Mund die Worte: »Bei dem Mord an dem alten Teppich-Fritzen Neißer … da haben der Matrosen-Willy und die Frau Spanier ihre Finger drin.«

Matrosen-Willy wurde aus Plötzensee geholt. Er

hatte keine Ahnung, was man am »Alex« mit ihm vorhaben könnte.

Der auch am Tage dämmrige Lichthof des Polizeipräsidiums empfing Matrosen-Willy wie einen alten Bekannten. Er kannte die Geographie des »Alex« im Schlaf. Er wusste, wo die verschiedenen Inspektionen und Dezernate untergebracht waren, kannte Stockwerk, Flur und Zimmer-Nummer der prominentesten Bullen. Am Sitten-Dezernat gingen sie vorbei. Wegen einer Mädchen-Sache hatte man ihn also nicht geholt. Das Fälscher-Dezernat ließen sie links liegen. Blieben also nur noch Einbruch und Raub. Oder … Matrosen-Willy schritt unwillkürlich langsamer aus. Denn jetzt ging es durch einen Korridor, von dem rechts ein Quergang abzweigte. Er war durch eine schwingende Glastüre abgeteilt. Und hinter dieser Tür residierte die Inspektion *Mord.* Plötzlich musste Willy an den Teppichhändler Neißer denken …

»Reizend von Ihnen, dass Sie gekommen sind, Matrosen-Willy«, sagte der kleine, breitschultrige Beamte und stand von seinem Schreibtisch auf, als Matrosen-Willy ins Zimmer geführt wurde.

»Janz meinerseits, Herr Kommissar«, sagte Matrosen-Willy.

»Ich habe nur eine kleine Frage an Sie«, sagte Kriminalassistent Moritz. »Können Sie sich vielleicht erinnern, was Sie in der Nacht vom 2. zum 3. Juni vorigen Jahres gemacht haben?« Kriminalassistent Moritz hatte einen dünnen Ordner aufgeschlagen.

»Vertrauen ehrt, Herr Kommissar, aber det is 'n bissken lange her. Unsaeins führt schließlich keen Tagebuch.«

»Richtig, Willy«, sagte der Beamte. »Aber vielleicht kann ich Ihnen auf die Sprünge helfen ... Sie erinnern sich doch bestimmt noch an die Razzia damals im Schwedtschen Pensionat ...«

»So dunkel«, sagte Willy. »Is ja 'ne Menge seitdem passiert.«

»Diese Razzia war in der Nacht vom vierten zum fünften Juni. Nun denken Sie mal zwei Nächte zurück ...«

»Lassen Sie mir mal überlejen«, sagte Matrosen-Willy. Sein Gehirn arbeitete fieberhaft. Er wusste genau, was er in der Nacht vom zweiten zum dritten Juni 1920 getan hatte. Das war die Nacht seines Besuches bei Neißer gewesen. Hinterher war er in Friedenau ins Schuhgeschäft eingebrochen ...

»Nun man los, Willy«, sagte Kriminalassistent Moritz.

»Oogenblick ...« Darüber war sich Matrosen-Willy klar: Von der Sache bei Neißer durfte er kein Wort erzählen. Und doch ... irgendetwas musste er sagen. Aber was? Den Einbruch gestehen? Immer noch besser, als in eine Mordsache verwickelt zu werden.

Matrosen-Willy sagte: »Diskretion Ehrensache, Herr Kommissar?«

»Das kommt drauf an ...«

»In der Nacht da hab' ich een kleenet Ding jedreht ... Schuhgeschäft in der Rheinstraße in Friedenau.«

»Um welche Zeit?«

»Det war ... jetz weeß ick et ... det war jejen neun Uhr uffn Abend.«

»Mann! Um neun Uhr im Juni ist es doch noch nicht richtig dunkel.«

»Doch, doch. Det war die jünstichste Jelejenheit. Durchn Keller sind wa in det Lager jestiegen. Im Laden, wo man uns hätte sehn könn, sind wa nich jewesen ...

»Na, das werden wir gleich haben.« Kriminalassistent Moritz ließ sich mit der Kartei verbinden: »Ach bitte, sehn Sie doch mal nach, ob Anfang Juni vorigen Jahres ein Einbruch in ein Schuhgeschäft in der Rheinstraße vorliegt. Wahrscheinlich nicht aufgeklärt. Geben Sie mir Datum, Zeit, nähere Umstände. Ich bleibe am Apparat.«

Matrosen-Willy atmete tief. Die Sache kam ihm mulmig vor. Der Einbruch war um 11 Uhr 30 gewesen. Er hatte gelogen und 9 Uhr gesagt, um ein Alibi zu haben, falls man ihn nach Neißer fragen sollte ...

»Ja, ich höre«, sagte Kriminalassistent Moritz und machte sich Notizen auf einen Block. Endlich legte er den Hörer auf und sah Matrosen-Willy mitleidig an:

»Pech gehabt, mein Lieber. Der Einbruch war nicht am Zweiten, sondern am Dritten.«

»Warn Sie dabei oder ick, Herr Kommissar?«

»Halten Sie die Luft an, Mann … Eben haben Sie noch gesagt, Sie könnten sich sehr schwer erinnern, und jetzt wollen Sie's besser wissen als unsre Kartei?«

»Na, weil Se mir uff de Sprünge jeholfen haben, Herr Kommissar!«

»Außerdem war der Einbruch nicht um neun Uhr abends, sondern um drei Uhr früh.«

»Vonwejen die Uhrzeit, Herr Kommissar, det wird sich uffklärn lassen. Aber wat det Datum betrifft, bin ick janz sicher …«

»So, da sind Sie ganz sicher.« Der Beamte blickte den Matrosen-Willy scharf an. »Warum sind Sie so sicher, Matrosen-Willy, warum? Hat Ihre Großmutter an dem Tag Geburtstag gehabt?«

»Nich uff die Tour, Herr Kommissar.«

»Nein, nicht auf die Tour, Matrosen-Willy!« Kriminalassistent Moritz fuhr von seinem Stuhl hoch: »Auf eine ganz andere Tour, Liebling. Auf die sanfte Tour … auf die Tour, mit der man einem alten Mann die Luft abdreht …«

»Wovon reden Sie eijentlich, Herr Kommissar?«

Matrosen-Willy war jetzt ganz ruhig. Der Bulle

wollte ihn überfahren. Hatte vielleicht irgendwas läuten hören, ärgerte sich über den »nassen Fisch«, über den seit fünf Vierteljahren unaufgeklärten Mordfall Neißer, wurde von seinen Vorgesetzten ständig gezwiebelt und wollte schließlich auch endlich mal Kommissar werden. Und deshalb versuchte er es nun auf die doofe Tour. Aber nicht bei ihm, nicht bei Matrosen-Willy.

»Warum haben Sie Neißer umgebracht?« fragte der Beamte.

»Ach, aus der Ecke pfeift der Wind!« Matrosen-Willy lachte. »Da sind Se aber bei mir uffn falschen Dampfer, Herr Kommissar.«

»Sie haben natürlich nie was von Neißer gehört ...«

»Hab ick nich jesacht!«

»Sie sind am zwoten Juni nicht in seiner Wohnung gewesen?«

»Bestimmt nich!«

»Komisch, dass man Sie gesehen hat.«

»Den möcht ick kennenlernen, der mir jesehen hat ...«

»Warum sind Sie eigentlich so scharf darauf, ausgerechnet für den 2. Juni 1920 ein Alibi nachzuweisen, Matrosen-Willy?«, sagte der Kriminalbeamte nach einer Weile. »Noch dazu ein Alibi, das Ihnen immerhin zwei Jährchen einbringt, wenn's stimmt ...«

»Sie ham mir jefracht, und ick habe geantwortet, Herr Kommissar. Aber drehn Se ma bitte nich det Wort im Mund rum, und reden Sie mir keen Kind in Bauch!«

»Wie Sie wünschen.« Moritz drückte auf eine Klingel. Ein uniformierter Beamter erschien. Moritz sagte: »Abführen, zur Verfügung halten ...«

Drei Tage blieb Willy zur Verfügung. Er hätte damit zufrieden sein können, denn auf dem »Alex« waren die Zellen angenehmer als in Plötzensee, die Verpflegung um einen Schein besser. Und doch wäre Matrosen-Willy froh gewesen, wenn man ihn zurück nach »Plötze« gebracht hätte. Die Vernehmungen gingen ihm auf die Nerven. Er fühlte, wie sich die Schlinge um seinen Hals zusammenzog.

Vierter Abend am »Alex«. Das Abendbrot war abgeräumt. Schlüsselrasseln, Riegelklappern, die Tür der Zelle ging auf. »Mitkommen«, sagte der Beamte.

»Überstunden wern woll doppelt bezahlt«, schimpfte Matrosen-Willy.

»Nein, hier ’rein«, sagte der begleitende Wachtmeister, als Matrosen-Willy gewohnheitsmäßig vor dem Zimmer des Kriminalassistenten Moritz haltmachen wollte.

Sie gingen zwei Zimmer weiter. Der Beamte klopfte an. Es ging durch ein Vorzimmer, in dem eine müde Sekretärin auf der Tastatur ihrer Schreibmaschine herumstocherte. Matrosen-Willy sog den Duft von feinem Zigarrenrauch ein. Er kannte dieses Aroma. Es gehörte zu dem Mann, den er über alles fürchtete, zu dem Kriminalkommissar Otto Trettin. Heute allerdings schien Kriminalkommissar Trettin einen guten Tag zu haben. Er war bereits in Hut und Mantel, als wäre er auf dem Sprung, nach Hause zu gehen.

»Ach, der Matrosen-Willy«, sagte Trettin. »Was wollte ich eigentlich noch von Ihnen ... Richtig, die Sache mit dem Einbruch in Friedenau. Nett von Ihnen, dass Sie uns die erzählt haben. Na und die kleine Differenz mit dem Datum ... die wird uns Frau Spanier vielleicht auch erklären können ...«

Wie vom Schlag gerührt stand Matrosen-Willy da. Hatte Trettin eben wirklich den Namen der Spanier genannt?

»Sie kennen Frau Spanier doch, Willy?«

»Nicht, dass ich wüsste!« Es gab Augenblicke, in denen Matrosen-Willy reines Hochdeutsch sprach.

»Aber, Willy!« Kriminalkommissar Trettin nahm die Zigarre aus dem Mund. »Frau Helene Spanier aus der Güntzelstraße, die Dame, mit der Sie an dem Abend bei Neißer gewesen sind.«

»Ich war nicht bei Neißer.«

Kriminalkommissar Trettin nahm seinen Hut ab und hängte ihn an den Garderobenhaken. Er knöpfte gemächlich seinen Mantel auf und zog ihn mit erstaunlicher Behendigkeit aus. Er streifte seinen rechten Jacken-Ärmel hoch, schnallte umständlich die Unterarm-Prothese ab und legte sie zwischen sich und den Matrosen-Willy auf die Schreibtischplatte. Mit dieser Prothese, hatte Willy läuten hören, brachte er manche Geständnisse heraus.

Deshalb waren die Bullen also so hartnäckig gewesen. Sie hatten es die ganze Zeit gewusst, dass er bei Neißer war. Sollte der Teufel wissen, wie sie auf die Spanier gekommen waren. Auf jeden Fall – Helene Spanier hatte gesungen. Sie, die ihn in das Abenteuer mit Neißer hineingelockt hatte. Matrosen-Willys bleiche Gefängnisfarbe wurde noch einen Schein fahler.

»Wollen Sie einen Cognac?«, fragte Trettin.

»Danke, nachher«, sagte Willy.

Kriminalkommissar Trettin klingelte. Das Zimmer füllte sich mit Beamten. Eine Sekretärin spannte ein frisches Schreibmaschinenblatt in die Maschine, tippte das Datum und blickte erwartungsvoll auf.

Gustav Passarge alias Matrosen-Willy begann zu erzählen. Die Schreibmaschine klapperte. Matrosen-Willy legte das Geständnis ab, von dem er später sagen sollte: »Es war nicht mein Geständnis, sondern das des Kriminalkommissars Trettin.«

*

»Angeklagter, Sie haben vor der Kriminalpolizei ein volles Geständnis abgelegt. Vor dem Untersuchungsrichter haben Sie dieses Geständnis zunächst widerrufen, dann aber wiederholt. Wollen Sie nicht heute Ihr Geständnis aufrechterhalten?« Landgerichtsrat Dr. Löffler, der Vorsitzende, blickte ermunternd zu Matrosen-Willy, der ganz rechts in der Anklagebank des Großen Schwurgerichtssaals stand. Neben ihm saß, bleich und nervös, die dunklen Augen in ständiger Bewegung, Helene Spanier. Ihr zur Linken Schlächter-Willy, hager und ausgemergelt. Es war der 11. Mai 1922. Fast zwei Jahre waren seit dem Raubmord an dem Teppichhändler Alfred Neißer vergangen. »Nein, ich bin nicht schuldig«, sagte Matrosen-Willy.

»Dann erklären Sie dem Gericht bitte, weshalb Sie vor der Polizei ein Geständnis abgelegt haben«, sagte der Vorsitzende.

»Das will ich Ihnen genau erklären«, sagte Matrosen-Willy. »Ich bin in der Wohnung des Neißer gewesen. Ich habe ihm ein Ding verpasst, um ihn kampfunfähig zu machen. Mit mir zusammen waren Frau Spanier …«

»Das ist eine gemeine Lüge«, gellte es durch den Saal. »Ich habe diesen Mann nie gesehen.«

»Frau Spanier, Sie können später zur Aussage Ihres Mitangeklagten Stellung nehmen«, sagte der Vorsitzende mild.

»… mit mir zusammen waren Frau Spanier und der Schlächter-Willy, mein Freund Harry Selzer«, fuhr Matrosen-Willy fort. »Ich habe meine Anwesenheit in der Wohnung des Neißer geleugnet, weil ich Angst hatte, mit dem Mord in Verbindung gebracht zu werden. Drei Tage lang habe ich geleugnet, das kann Kriminalassistent Moritz bezeugen. Und dann hat mir Herr Kriminalkommissar Trettin plötzlich gesagt, dass Frau Spanier alles gestanden hätte.«

»Hat er gesagt, sie hätte gestanden?«, fragte der Vorsitzende.

»Nein, so hat er das nicht gesagt!« Matrosen-Willy schüttelte den Kopf. »Aber er hat sich so ausgedrückt, dass ich annehmen musste, Frau Spanier hätte mich verraten. Und dann habe ich alles gesagt …«

»Sie haben dann also den Mord gestanden?«

»Nein, aber ich habe gesagt, dass Frau Spanier mich angestiftet hat, mit ihr zu Neißer zu gehen.«

»War das alles?«

»Nein, Kriminalkommissar Trettin wollte alles ganz genau wissen«, sagte Matrosen-Willy. »Und ich habe ihm alles erzählt. Die Sache mit dem Scheck. Wie der Schlächter-Willy in die Wohnung kam. Wie ich dem alten Neißer das Ding verpasst habe. Von dem Hund, und wie ich dem Alten den Puls gefühlt habe …« Matrosen-Willy stockte.

»Weiter«, drängte der Vorsitzende.

»Ja, und dann hat Kriminal-Kommissar Trettin plötzlich schallend gelacht«, stieß Matrosen-Willy hervor.

»Gelacht?« Die Augenbrauen des Vorsitzenden zogen sich ungläubig zusammen.

»Ja, jelacht! Und die anderen Bullen, die im Zimmer warn, ham ooch jelacht.«

»Wieso gelacht?« Der Vorsitzende war plötzlich sehr ernst.

»Na, die warn janz schön beschickert«, sagte Matrosen-Willy. »Die haben alle det Ende von dem nassen Fisch jefeiert ...«

»Nasser Fisch?« Landgerichtsrat Dr. Löffler blickte erstaunt.

»Na ja, die Uffklärung von so 'ner ollen Sache«, erklärte Matrosen-Willy.

»Und was hat Kriminal-Kommissar Trettin dazu gesagt?«

»Der hat jesacht: ›Matrosen-Willy, det de den Ollen den Puls jefühlt hast, is jroßartig. Aber du hast bestimmt was vajessen.‹ – ›Wat soll ick verjessen haben?‹, hab ich jefracht. Und da meinte Herr Kriminal-Kommissar Trettin: ›Den Jutenachtkuss haste verjessen, Willy! Du hast doch dem ollen Neißer bestimmt noch een Jutenachtkuss uff de kalte Stirn jedrückt.‹ Und dann haben die Bullen alle plötzlich laut losjelacht. Und ick habe ooch lachen müssen.

Und dann hat mir eener von den Bullen det Bierjlas in die Hand jedrückt ...«

»Was war denn in dem Bierglas drin?« fragte der Vorsitzende.

»Cognac, Herr Rat.«

»Und von dem Cognac haben Sie getrunken?«

»Ex getrunken, Herr Rat.«

»Können Sie denn so viel vertragen?«

»Wenn ich im Training bin, schon.«

»Aber Sie waren doch nicht im Training – nach acht Wochen Haft ...«

»Das isses ja eben, Herr Rat.«

»Sie wollen behaupten, dass die Beamten Sie betrunken gemacht haben?«

»Betrunken jeworden bin ick von alleene, Herr Rat. Gezwungen hat man mir nicht.«

»Aber auch nicht gehindert oder gewarnt?«

»Nein.«

»Und wie ist dann die Vernehmung weitergegangen?«

»Dann hat fast nur noch der Kriminalkommissar Trettin gesprochen«, sagte Matrosen-Willy. »Er hat mir gesagt: ›Nun passen Sie mal auf, Willy. Die Sache mit dem Handkantenschlag nehme ich Ihnen glatt ab. Ich will Ihnen auch glauben, dass Sie dem Neißer den Puls gefühlt haben. Aber da sind doch die Würgemale an seinem Hals. Die können doch nicht von selber gekommen sein.‹«

»Was haben Sie darauf geantwortet?«, fragte der Vorsitzende.

»Ich habe gesagt: ›Nee, von selber kommen die bestimmt nicht.‹ Und darauf hat Kriminalkommissar Trettin gemeint: ›Siehste, Willy, jetzt verstehen wir uns schon viel besser.‹ Dann hat er mich gefragt, ob es mir unangenehm gewesen wäre, wenn Neißer, als ich ihm den Puls gefühlt habe, die Augen aufgeschlagen hätte. ›Verdammt unanjenehm wäre mir det jewesen‹, hab ick jeantwortet. Und der Kriminalkommissar Trettin hat jesacht: ›Na also.‹

Und denn hat sich eener von die Beamten uffn Boden jelecht, und Kriminalkommissar Trettin hat jesacht: ›Det is jetzt der Neißer.‹ Und ick hab mir daneben hinknien müssen und hab den Beamten müssen den Puls fühlen. Und dann hat der Beamte plötzlich die Oogen uffjeschlagen und mir mit ’n Polizeigriff ins Gesichte jelangt …«

»Was war das für ein Griff?«, fragte der Vorsitzende.

»So mit zwei Fingern in die Augen und mit dem Handballen gegen die Nase gedrückt.«

»Und was haben Sie getan?«

»Dann hab ick ihn an die Gurgel jepackt. Und einer von die Beamten hat jebrüllt: ›Bravo, Willy.‹ Und da hab ick noch een bissken fester zujedrückt, bis Kriminalkommissar Trettin jesacht hat: ›Det jenücht, Willy.‹ Darauf hab ick jesacht: ›Aber der Neißer hat doch die Oogen janich uffjemacht.‹ Kriminalkommissar Trettin hat aber jemeint: ›Nich doch, Willy. Wenn er die Augen aufgemacht hat, ist es besser. Denn dann haste aus Angst zugedrückt, im Affekt sozusagen. Sonst wäre es doch reiner Mord.‹ Und da hab ick jesacht: ›Da ham Se ooch wieder recht, Herr Kommissar …‹«

»Und das war Ihr angebliches Geständnis?«, fragte der Vorsitzende.

»Nee, det jing noch ’ne Weile so weiter. Und die janze Zeit hat eener von die Beamten neben dem Fräulein mit der Schreibmaschine jesessen und hat ihr diktiert.«

»Das Geständnis-Protokoll trägt Ihre Unterschrift, Angeklagter«, sagte der Vorsitzende. »Hat man es Ihnen denn nicht noch einmal vorgelesen, bevor Sie es unterschrieben haben?«

»Jawoll, Herr Rat. Aber da war ick schon vollkommen dösig im Kopp.«

»Und am nächsten Tag haben Sie dann in Moabit vor dem Untersuchungsrichter das Geständnis widerrufen.«

»Jawoll, Herr Rat.«

Dass sich der Vorsitzende jetzt so ausführlich mit diesem Geständnis beschäftigte, war mir willkommen. Ich entnahm daraus, dass ihm beim Aktenstudium das Geständnis als Hauptpfeiler der Anklage erschienen war.

In diesem Augenblick erhob sich der Staatsanwalt und bat ums Wort: »Der Angeklagte tischt uns hier die sattsam bekannte Geschichte vom erpressten Geständnis auf. Er erweckt den Eindruck, als habe er sein polizeiliches Geständnis vor dem Untersuchungsrichter widerrufen, sobald er nach der angeblichen Betrunkenheit wieder einen klaren Kopf hatte. In Wirklichkeit hat er jedoch widerrufen, nachdem er sich mit dem Mitangeklagten Selzer alias Schlächter-Willy verständigt hatte …«

»Wie soll denn das möglich gewesen sein?«, fragte der Vorsitzende erstaunt.

»Durch ein Versehen des Transportleiters sind die beiden Angeklagten im selben Wagen vom Polizeigefängnis nach Moabit übergeführt worden«, erklärte der Staatsanwalt. »Sie benutzten die Gelegenheit, ihre Aussagen aufeinander abzustimmen …«

»Einen Moment, Herr Staatsanwalt«, rief ich. Und zum Vorsitzenden: »Ich bitte, den Angeklagten Passarge darüber befragen zu dürfen, was bei dieser Gelegenheit zwischen ihm und dem Mitangeklagten gesprochen wurde.«

»Bitte«, sagte der Vorsitzende.

»Wer hat das Gespräch angefangen?« fragte ich den Matrosen-Willy.

»Als ich den Schlächter-Willy sah, hab' ich gesagt: ›Die Spanier, deine gute Freundin, hat uns verraten.‹«

»Und was antwortete der Schlächter-Willy darauf?«

»Er meinte: ›Das kann nich stimmen, denn Helene Spanier is ja erst heute morjen verhaftet worden. Und vorher hat die mit keenem Bullen jesprochen. Die Bullen ham wohl irjendwat läuten hören von wejen die Spanier, und da ham se dir uffn Zahn jefühlt. Du Idiot hast dir rinlejen lassen, und uns haste mit rinjerissen.‹«

Der Vorsitzende wendete sich dem Schlächter-Willy zu: »War das der Inhalt Ihres Gesprächs mit dem Angeklagten Passarge?«

»Ja«, sagte Schlächter-Willy. »Gleich darauf merkte der Beamte, der mit uns im Wagen saß, dass wir eigentlich nicht zusammenfahren durften. Und dann konnten wir keenen Mucks mehr sagen.«

»Ich bin dem Herrn Staatsanwalt äußerst dankbar«, sagte ich, »dass er die angebliche Verabredung zwischen den beiden Angeklagten zur Sprache gebracht hat. In Wirklichkeit sind Matrosen-Willy bei dieser Gelegenheit die Augen darüber aufgegangen, dass er einem Trick der Kriminalpolizei zum Opfer gefallen war. Kriminalkommissar Trettin hatte bei ihm den Eindruck erweckt, die Angeklagte Spanier hätte ihn verraten. Was hier als Geständnis bezeichnet wird, entsprang einer plötzlichen Aufwallung von Rache und Hass. Dazu kamen Zigaretten und Schnaps, auf Staatskosten verabreicht …«

»Ich protestiere dagegen, dass hier hervorragende Beamte unsauberer Methoden verdächtigt werden«, rief der Staatsanwalt.

»Ich finde auch, Herr Verteidiger, dass Sie etwas weit gehen …« Aus dem Munde dieses ruhigen Vorsitzenden war das bereits eine scharfe Zurechtweisung. Aber ich gab mich noch nicht geschlagen.

»Nichts liegt mir ferner, als der Kriminalpolizei zu nahe zu treten«, sagte ich. »Ich finde die von dem Angeklagten geschilderten Methoden gar nicht so furchtbar. Schließlich hat sie es nicht mit Engeln zu tun. Solange sie dadurch Spuren gewinnt, gut und schön. Aber das Recht hört auf, wenn solche Aussagen zu Geständnissen umgezimmert werden. Solche Geständnisse sind wertlos. Ich beantrage die Ladung des Kriminalkommissars Trettin und des Kriminalassistenten Moritz. Sie sollen aussagen, wie die hier angeführten Geständnisse des Angeklagten zustande gekommen sind.«

»Ich unterstütze den Antrag«, sagte der Staatsanwalt siegessicher.

»Dann werden die Zeugen geladen«, sagte der Vorsitzende, und mit feinem Lächeln fügte er hinzu: »Wenn der Herr Verteidiger gestattet, darf ich nun wohl mit der Vernehmung des Angeklagten fortfahren.« Er wandte sich an den Matrosen-Willy: »Sie haben also vor dem Untersuchungsrichter zuerst Ihr Geständnis widerrufen?«

»Jawoll, Herr Rat«, sagte Matrosen-Willy.

»Aber knapp zehn Minuten später haben Sie dann Ihr Geständnis wiederholt.« Ironisch lächelte der Vorsitzende zu mir herüber.

»Das hat der Untersuchungsrichter auch jesacht, als ick mein Geständnis zurückjenommen habe«, sagte Matrosen-Willy.

»Was hat er zu Ihnen gesagt?«

»Er hat mir angeschnauzt: ›Wollen Sie vielleicht hier den wilden Mann spielen? Ich schicke Sie sofort zurück zum Polizei-Präsidium.‹ Und da hab ick denn jepasst und jesacht: ›Ne, denn lassen Se man lieber allet im Protokoll stehen, wie's is! Noch mal zu die Bullen, nee det hätt ick nich übers Herz gebracht. Die hätten mir total fertichjemacht …«

»Wollen Sie damit sagen, dass Sie Angst hatten, gewalttätig behandelt zu werden?«, fragte der Vorsitzende.

»Nein, ick meine, die hätten mich moralisch fertichjemacht. Und man hat doch ooch seinen Stolz, Herr Rat.«

Mit halbem Ohr hörte ich zu, wie dann der Schlächter-Willy vernommen wurde. Er leugnete auch jetzt. Niemals sei er in der Wohnung des Neißer gewesen. Zur Zeit der Tat habe er mit Frau Spanier ein Kino in der Bülowstraße besucht …

Einmal sah ich mich um, während er sprach. Dabei bemerkte ich, wie Helene Spanier ihn im Bann ihrer schwarzen, funkelnden Augen hielt. Und es fiel mir auch auf, dass Matrosen-Willy es ängstlich vermied, diesen Augen zu begegnen. Fürchtete er sie noch immer? Ich musste an die geheimnisvollen Andeutungen denken, die er mir in seiner Zelle gemacht hatte. Er war fest davon überzeugt, dass nach ihm noch jemand anderer in der Wohnung des Teppichhändlers gewesen war und den Mord vollbracht hatte, um dessentwillen er nun auf der Anklagebank saß. Er hatte den Namen Spaniola genannt. Spaniola sollte der wirkliche Geliebte der Spanier sein, der einzige Mann, dem sie untertan war ... Aber mehr wusste Matrosen-Willy nicht. Und ich bin noch heute davon überzeugt, dass er für Spaniola, oder wie auch immer der Unbekannte heißen mochte, hätte aufs Schafott steigen müssen, wenn mir nicht der »Kriminalassistent Zufall« zu Hilfe gekommen wäre.

Der Begriff des »Kriminalassistenten Zufall« wurde von Kriminalrat Ernst Gennat geprägt, einem der größten deutschen Kriminalisten, dem langjährigen Leiter der Berliner Mordinspektion und geistigen Vater des späteren Reichskriminal-Amtes. Dieser begnadete Psychologe und Meister der technischen Spurensicherung war bescheiden genug, dem Zufall eine sehr große Rolle bei der Aufklärung vieler Verbrechen einzuräumen.

*

Es war am Morgen des fünften Prozesstages, 15. Mai 1922.

Ich war nervös. Die heutige Verhandlung musste den Schluss der Beweisaufnahme bringen. Vier Tage lang waren die Zeugen am Richtertisch vorbeimarschiert, nicht weniger als sechzig an der Zahl. Das Publikum, das sich um die Sitze im Schwurgerichtssaal stritt, war auf seine Kosten gekommen. Da waren zuerst einmal die »Bullen« vom Alex aufgetreten, der Kriminalassistent Moritz und der Kriminalkommissar Trettin.

»Der Angeklagte hat auf dem Polizeipräsidium die beste Zeit seines Lebens gehabt«, sagte Moritz. »Jeder Wunsch wurde ihm erfüllt, er bekam echten Bohnenkaffee, zusätzliche Verpflegung und Zigaretten.«

»Und Alkohol?«

»Ja … nachdem alles vorbei war.«

Dann trat Kriminalkommissar Trettin vor, der »Mann mit dem eisernen Arm«.

»Wäre es nicht möglich, Herr Kommissar, dass der Angeklagte durch Suggestivfragen zu einem Geständnis veranlasst wurde?«, fragte der Vorsitzende.

»Suggestivfragen sind in der kriminalpolizeilichen Ermittlung nicht verboten«, sagte Trettin.

»Aber der Angeklagte hat so viele Einzelheiten der Neißerschen Wohnung, des Besuches und der Gewalttat freiwillig erzählt, dass an seiner Täterschaft für mich gar kein Zweifel bestehen konnte.«

»Hat der Angeklagte Passarge Frau Spanier aus freien Stücken belastet?«

»Es hat großen Eindruck auf ihn gemacht, als ich ihm vorhielt, dass Frau Spanier angegeben hätte, mit ihm in der Wohnung Neißers gewesen zu sein«, sagte Trettin.

»In Wirklichkeit hatte Frau Spanier das aber nicht gesagt?«

»Nein, es lag lediglich eine Reihe von Informationen vor, die Frau Spanier in Zusammenhang mit Passarge und dem Mord an Neißer brachten …«

Ob Matrosen-Willy sich bei seinen Frau Spanier belastenden Aussagen vielleicht von Wut oder Hass habe hinreißen lassen, wollte der Vorsitzende wissen.

»Der Angeklagte war stark erregt«, sagte Trettin. »Als ich ihm vorhielt, dass er mit Frau Spanier eine wohlangesehene Frau belaste, sagte er: ›Das tut mir leid …‹«

Als ich an jenem Morgen vor meinem Haus auf meine Frau wartete, die sich verspätete, reichte mir mein Chauffeur einen billigen grauen Briefumschlag: »Da haben Sie gestern was im Wagen liegengelassen.«

Der Umschlag trug keine Anschrift. Ich riss ihn auf. Er enthielt ein sauber zusammengefaltetes Blatt aus kleinkariertem Schreibpapier.

Ich las: *»Fragen Sie den Kriminalassistenten*

Moritz, was ihm ein gewisser Ludwig Leder aus der Skalitzer Straße 48 in der Sache Neißer erzählt hat. Leder hat vier Wochen nach dem Mord der Polizei gestanden, dass er die Mörder von Neißer kennt. Er hat in der Mordnacht mit seinem Auto in der Nähe von Neißers Wohnung gehalten. Aber nicht um 8, sondern um 10 Uhr nachts. Sein Chauffeur, ein gewisser ›Hans‹, ein dritter Mann und eine blonde Frau sind in das Haus des Neißer gegangen und nach zwei Stunden mit dicken Paketen zurückgekommen. Am nächsten Tag hat der Leder seinem Chauffeur vor dem Viktoria-Café Vorwürfe gemacht, dass sie die Dummheit mit dem Mord an Neißer begangen haben. Aber er hat den ›Hans‹ und die beiden anderen trotzdem ins Ausland geschafft. Warum der Leder von der Polizei wieder entlassen worden ist, weiß ich nicht. Ludwig Leder ist ein ganz großer Hochstapler und Einbrecher. Er tritt unter dem Namen Assessor Landau und Gaston de Casater auf. Er hat schwarze Haare und eine braune Hautfarbe, spricht wie ein Ausländer und hat viele fremde Pässe. Er ist es, der in dem Pensionat in der Prager Straße den Koffer des portugiesischen Gesandtschaftssekretärs geraubt hat …«

Ich ließ den Brief sinken, denn ich hörte die eiligen Schritte meiner Frau. Um sie herum bellten unsere beiden Hunde und wollten zum Abschied gestreichelt werden.

»So, jetzt können wir fahren«, sagte sie. »Was hast du denn da für einen Liebesbrief?«

»Ach, wieder so ein Verrückter«, sagte ich. »Oder wahrscheinlich eine Verrückte, vielleicht eine unglückliche Liebe von Matrosen-Willy …«

Ich sah nach der Unterschrift. »Ein guter Freund«, stand da in zierlicher, künstlich verstellter Handschrift. Und dann fiel mein Blick auf die letzte Zeile.

»Ab mit achtzig Sachen«, schrie ich dem Chauffeur zu. Meine Frau sah mich an, als zweifele sie an meinem Verstand.

Ich hielt ihr den Brief hin, deutete auf die letzte Zeile. Sie lautete: *»Ludwig Leder tritt auch unter dem Spitznamen Spaniola auf.«*

»Ist das so wichtig?«, fragte meine Frau.

»Das wirst du sehen, wenn wir in Moabit sind«, sagte ich.

Im letzten Augenblick erreichte ich den Schwurgerichtssaal. Das Gericht hatte bereits seine Plätze auf der hohen eichenen Richterbank eingenommen. Die Angeklagten machten trotz der frühen Morgenstunde einen abgekämpften Eindruck. Nach vier Tagen Prozess war ihnen wohl klargeworden, dass die Waagschale sich endgültig nach unten geneigt hatte.

Frau Helene Spanier sah noch bleicher aus als gewöhnlich, ihre schwarzen Augen lagen noch tiefer als sonst in den Höhlen, und sie fingerte nervös an ihrer Handtasche.

Auch Matrosen-Willy zeigte nicht mehr die selbstbewusst lässige Überlegenheit, die er anfangs zur Schau getragen hatte. Er machte den Eindruck, als hätte er es aufgegeben, noch weiter um seinen Kopf zu kämpfen. Er war viel zu intelligent und zu stolz, um sich selbst zu bemitleiden. Er mäkelte auch nicht, wie ich das so oft erlebt habe, an meiner Verteidigung herum. Er wusste genau, dass er selbst an seiner aussichtslosen Situation Schuld trug, denn er hatte vor der Kriminalpolizei ein falsches Geständnis abgelegt.

Ich verbeugte mich vor dem Vorsitzenden, ging zu meinem Platz und flüsterte dem Matrosen-Willy zu: »Wie sah Spaniola aus?«

»Wolln Se mich uffn Arm nehmen?«, knurrte Matrosen-Willy.

»Hatte Spaniola schwarze Haare und dunkelbraune Hautfarbe?«

Unser Geflüster musste in dieser erwartungsvollen Stille vor der Eröffnung der Verhandlung auffallen. Schon blickte Frau Spanier mit bösen, argwöhnischen Augen zu uns herüber. Und der Vorsitzende räusperte sich mahnend.

»Ja, so hat er ausjesehen«, sagte mein Mandant gleichgültig. Die Sitzung wurde eröffnet. Von Anfang an wurde mir klar, dass der Vorsitzende auf ein rasches Ende der Beweisaufnahme zusteuern wollte. Vergeblich versuchte er, Matrosen-Willy zum soundsovielten Mal zur Wiederholung seines Geständnisses zu bringen.

»Mein früheres Geständnis war falsch«, sagte Matrosen-Willy zum soundsovielten Male.

»Sie haben aber schon in der Mordnacht darüber gesprochen, dass Neißer umgebracht worden ist«, hielt ihm der Staatsanwalt vor.

»Das ist nicht wahr!«

»Wenn sich keine neuen, klar formulierten Beweisanträge stellen lassen, dann werde ich die Beweisaufnahme schließen.«

Der sonst ruhige Vorsitzende war jetzt ärgerlich.

Ich fühlte die anonyme Botschaft in meiner Westentasche. Ich zögerte, von ihr Gebrauch zu machen. Es war ein Vabanque-Spiel.

»Einen Moment, bitte, Herr Vorsitzender«, rief ich.

Er sah mich unwillig an.

»Ich beantrage die Ladung des Kaufmanns Ludwig Leder, wohnhaft Skalitzer Straße 48.«

»Das ist doch reine Verschleppungstaktik.« Der Staatsanwalt schlug auf den Tisch.

»Bitte, Herr Staatsanwalt, der Herr Verteidiger hat seinen Antrag noch nicht begründet«, sagte der Vorsitzende.

Ich sagte: »Der Zeuge Ludwig Leder soll darüber

aussagen, dass er in der Mordnacht zusammen mit drei anderen Personen, einer Frau und zwei Männern, in einem Auto in der Nähe der Neißerschen Wohnung gehalten hat. Und dass er die wirklichen Mörder des Neißer kennt.«

Der Staatsanwalt ließ mich kaum aussprechen. Mit vor Empörung bebender Stimme sagte er: »Wir haben hier bereits die halbe Belegschaft der preußischen Gefängnisse Revue passieren sehen. Anscheinend will die Verteidigung dasselbe jetzt mit notorischen Geisteskranken wiederholen …«

»Ist denn der eben genannte Zeuge der Staatsanwaltschaft bekannt?«, fragte der Vorsitzende überrascht.

»Jawohl. Es handelt sich um einen notorischen Lügner und Psychopathen«, sagte der Staatsanwalt ärgerlich.

»Da mir die polizeilichen Protokolle nicht im gleichen Maße zur Verfügung standen wie dem Herrn Staatsanwalt, kann ich dazu nicht Stellung nehmen«, sagte ich. »Ich bitte jedoch, den Kriminalassistenten Moritz danach zu fragen, ob der genannte Ludwig Leder ein Geständnis über seine Beteiligung am Falle Neißers abgelegt hat.«

»Ein Geständnis?« Der Vorsitzende runzelte ungläubig die Stirn.

»Jawohl, ein Geständnis.«

»Also bitte, Herr Kriminalassistent Moritz.«

Der Vorsitzende lehnte sich müde in seinen Stuhl zurück. Kriminalassistent Moritz trat vor. Als wichtigster Beamter in der Mordsache Neißer musste er jeder Verhandlung beiwohnen.

»Sie haben gehört, was der Herr Verteidiger soeben vorgebracht hat«, sagte der Vorsitzende. »Kennen Sie diesen Ludwig Leder?«

Selten haben wohl zweihundert Menschen derart gespannt auf die Worte eines Mannes gelauscht wie jetzt jene Richter, Geschworenen, Angeklagten und Zuhörer in dem Mord-Prozess Neißer auf die nun folgende Aussage des Kriminalassistenten Moritz.

Moritz begann zögernd: »Ludwig Leder wurde einige Zeit nach dem Neißer-Mord in Hof verhaftet ... Er stand unter Verdacht, an Warenschiebungen in die Tschechoslowakei beteiligt zu sein. Als Alibi für die Nacht vom 2. zum 3. Juni 1920 gab er an, nicht in Hof gewesen zu sein, sondern in Berlin. Er behauptete sogar, in dieser Nacht Neißer ermordet zu haben. Er wurde uns dann nach Berlin überstellt ...«

»Haben Sie den Leder vernommen?«

»Jawohl.«

»Hat er sein Geständnis Ihnen gegenüber wiederholt?«

»Zuerst ja. Einen Tag später behauptete er nicht mehr, den Neißer ermordet zu haben, sondern nur die Täter zu kennen.«

»Nannte er Namen und Einzelheiten?«

»Nein. Er machte nur völlig unzusammenhängende Angabe. Und schließlich widerrief er alles.«

»Und was geschah mit ihm?«

»Nach ein paar Tagen wurde er entlassen ...«

»Entlassen?«

»Ja, er konnte ein einwandfreies Alibi nachweisen. Eine gewisse Muschi, die Nichte der Besitzerin des Schwedtschen Pensionats in der Körnerstraße, bestätigte, dass sie in der fraglichen Nacht zusammen mit ihm in einem Flohkino in der Bülowstraße gewesen war. Auch die Platzanweiserin des Kinos erkannte Leder wieder.«

Mit einem Ruck sah ich mich zu Matrosen-Willy um, als der Name Muschi fiel. Auch er war hochgeschreckt. In seinen Augen blitzte die Wut auf. Muschi ... Sie war hinter ihm hergewesen ... Sie hatte in der Mordnacht merkwürdige Andeutungen wegen Neißer gemacht ... Und ... Muschi war schließlich mit dem berüchtigten Spaniola verschwunden ...

»Hat sich herausgestellt, weshalb dieser Leder das falsche Geständnis abgelegt hat?«, fragte der Vorsitzende.

»Er wollte damit von seiner Beteiligung an den Großschiebungen ablenken«, sagte Kriminalassistent Moritz.

»Aber deshalb bezichtigt man sich doch nicht ausgerechnet eines Mordes?«

»Der Leder war außerdem geistig nicht normal«, sagte der Kriminalbeamte. »Er war im Krieg in einer Nervenheilanstalt.«

Ich sprang auf: »Sein Geisteszustand hat diesen Herrn Leder nicht daran gehindert, sich an Schiebungen zu beteiligen …«

»Er war dabei nur Strohmann«, sagte Kriminalassistent Moritz erregt.

»Dieser Strohmann hat aber noch eine Reihe raffinierter Straftaten auf dem Kerbholz, die sehr hohe Intelligenz verraten«, rief ich.

»Bitte keine vagen Vermutungen, Herr Verteidiger«, mahnte der Vorsitzende.

Ich griff in meine Westentasche, holte die anonyme Botschaft hervor und suchte zwei Namen, die ich mir angestrichen hatte. Zweihundert Augenpaare folgten jeder meiner Bewegungen. Wie gut, dass sie nicht sehen konnten, woher mir mein plötzliches Wissen zugeflogen war! Aus dem Nichts! Ich hatte ein gewagtes Spiel getrieben. Aber bisher hatten die Karten gestochen, die mir vom blinden Zufall zugeschoben worden waren. Ich zögerte nicht mehr, auch die restlichen Trümpfe auszuspielen.

»Sind dem Zeugen Moritz aus seiner dienstlichen Tätigkeit die Namen Gaston de Casater und Assessor Landau ein Begriff?«, fragte ich.

Moritz überlegte angestrengt. Dann sagte er: »Aus meiner eigenen Tätigkeit nicht, aber so viel ich weiß, handelt es sich in dem einen Fall um Hochstapelei, im andern um einen großen Hoteldiebstahl …«

»Danke, das genügt mir«, sagte ich und wendete mich dem Vorsitzenden zu: »Ich beantrage zusätzlich zu meinen bisherigen Anträgen, die von Gaston de Casater und Assessor Landau geschädigten Personen dem Ludwig Leder gegenüberzustellen und zu befragen, ob er mit den beiden Genannten identisch ist …«

Schlag auf Schlag waren meine Anträge erfolgt. Es war eine Situation, wie kein Verteidiger sie in seinen kühnsten Träumen zu erhoffen wagt. Der Prozess, der vor zehn Minuten bereits einem sang- und klanglosen Ende entgegenzugehen schien, war mit einem Schlag zum Drama geworden. Drüben am anderen Ende der Richterbank steckten der Staatsanwalt und sein Gehilfe die Köpfe zusammen und berieten. Und jeder im Saal wusste, worum es ging. Zuerst hatte Todesstille geherrscht, dann war geflüstert worden, jetzt aber schwollen die erregten Stimmen zu einem immer lauter werdenden Volksgemurmel an.

Zum ersten Mal in diesem Prozess griff der Vorsitzende nach der Klingel: »Ich bitte um größte Ruhe!« sagte er energisch und dann zum Staatsanwalt: »Wollen Sie zu den Anträgen der Verteidigung Stellung nehmen?«

Staatsanwalt Dr. Orthmann stand auf. Er sagte: »Ich bitte um eine Unterbrechung der Sitzung, um den von der Verteidigung benannten Zeugen Ludwig Leder sofort herbeizuschaffen.«

»Als wenn der bloß uff die Bullen wartet«, hörte ich Matrosen-Willy hinter mir murmeln.

»Herr Verteidiger, sind Sie mit der Anregung der Staatsanwaltschaft einverstanden?«

»Ja, ich bin einverstanden.«

»Dann unterbreche ich die Sitzung«, sagte der Vorsitzende. »Ich muss jedoch die Besucher bitten, im Saal zu bleiben.«

Der Staatsanwalt ging rasch hinaus, um der Kriminalpolizei die nötigen Anweisungen zu geben. Sein Gehilfe kam zu mir und fragte mich nach weiteren Einzelheiten. Ich sagte ihm, was ich wusste.

Die Kriminalbeamten, die ausgezogen waren, Ludwig Leder, alias Assessor Landau alias Gaston de Casater, zu verhaften, kehrten einer nach dem anderen zurück. In der Skalitzer Straße, wo Leder polizeilich gemeldet war, hatte sein Vater, offenbar ein ehrbarer Kaufmann, keine Auskunft über den Aufenthalt seines Sohnes geben können. Vor acht Tagen sei er das letzte Mal bei ihm aufgetaucht …

Ich beantragte also, die Verhandlung zu vertagen, bis der Zeuge Leder beziehungsweise Beweismaterial über seine Rolle beim düsteren Ende des Teppichhändlers Neißer herbeigeschafft sei.

Ich sagte: »Das Geständnis des Leder ist ein Parallel-Fall zum Geständnis meines Mandanten. Wenn man aus Passarges Geständnis schließen will, dass es dem wahren Tatbestand entspricht, so steht die Verteidigung auf dem Standpunkt, dass der Tatbestand sich so verhält, wie er von Leder gestanden wurde.«

Der Staatsanwalt zeigte, dass er auch eine Niederlage mit Anstand hinnehmen konnte. Er schloss sich meinem Antrag an.

Das Gericht zog sich zur Beratung zurück. Sie dauerte nicht lange. Der Vorsitzende verkündete: »Der Prozess wird auf unbestimmte Zeit vertagt.«

*

Wochen und Monate verstrichen. Spaniola ging der Polizei nicht auf den Leim. Er blieb verschollen. Die Staatsanwaltschaft drängte, die Kriminalpolizei gab hinhaltende Auskünfte.

Ich selber blieb nicht untätig. In mein Büro war damals gerade ein junger Referendar namens Pieper eingetreten, den der Fall des Matrosen-Willy faszinierte. Er erbot sich, in seiner freien Zeit am Bülowbogen herumzuhören. Ich versprach mir nicht viel davon, wollte ihn aber auch in seiner Begeisterung nicht bremsen.

Zunächst machte er nur gewaltige Spesen. Ich hatte ihn schon in Verdacht, dass die Freuden des

Nachtlebens über seinen kriminalistischen Eifer gesiegt hätten. Und ich war fast überzeugt davon, als mir mein Bürovorsteher eines Mittags berichtete, Referendar Pieper sei nicht zum Dienst erschienen.

»Den müssen wir wohl abschreiben«, sagte ich.

Mein Bürovorsteher nickte. Er hielt sowieso nicht viel von jungen Leuten.

Am späten Nachmittag desselben Tages rief Pieper mich an. »Wo treiben Sie sich denn 'rum?«, fragte ich.

»Ich bin in der Lungenheilanstalt Beelitz.«

»Sind Sie krank?«

»Nein, aber der Mann, der Ihnen damals den anonymen Brief geschrieben hat«, krächzte Pieper.

»Sind Sie nüchtern?«, brüllte ich ins Telefon.

»Glücklicherweise ja«, brüllte Referendar Pieper zurück. »Der Mann, der Ihnen den anonymen Brief schrieb, war zur Zeit des Mordes an Neißer als Schlepper des Lokals Dannenberg tätig.«

Das Lokal Dannenberg lag im selben Haus wie das Schwedtsche Pensionat, die Hochburg der Unterwelt vom Bülow-Bogen. Solche Lokale beschäftigten Schlepper, die sich den Passanten der umliegenden Straßen unauffällig näherten und sie in verstohlenem Flüsterton auf die Genüsse des betreffenden Etablissements aufmerksam machten. Schlepper sahen viel, das gehörte zu ihrem Gewerbe. Aber sie konnten auch schweigen …

»Wie haben Sie den Mann ausfindig gemacht?«, fragte ich.

Referendar Pieper stotterte. »Eine der ständigen Damen des Lokals Dannenberg …«

»Das habe ich an den Spesen gemerkt«, sagte ich.

»Ich habe ihr ein paar unverfängliche Schriftproben aus dem anonymen Brief gezeigt. Und da hat sie sofort gesagt: ›Das ist die Klaue von dem Posch.‹«

»Glauben Sie, dass Posch seine Aussage vor Gericht wiederholt?«

»Wenn er bis dahin noch lebt, bestimmt«, meinte Pieper. »Zu verlieren hat der nichts mehr …«

Sieben Monate vergingen bis zur zweiten Verhandlung in der Mordsache Neißer. Alle waren da, nur ein Zeuge fehlte: Spaniola. Die Kriminalpolizei hatte ihn nicht erwischt.

Ich hingegen führte meinen Kronzeugen vor, den schwer lungenkranken ehemaligen Schlepper des Lokals Dannenberg. Er wurde in einem Rollstuhl hereingefahren. Die Ärzte hatten gegen sein Erscheinen vor Gericht protestiert, aber er hatte darauf bestanden. Seine Wangen waren eingefallen, seine Augen rotgerändert. Hüstelnd, ein Taschentuch vor den Mund haltend, machte er seine Aussagen. Um sie voll würdigen zu können, muss man sich erinnern, dass Matrosen-Willy mit Frau Spanier etwa um 8 Uhr 20 das Haus Neißers verlassen hatte …

»Gegen zehn Uhr war es in der Mordnacht … da

sah ich einen großen Wagen an der Ecke Steglitzer Straße stehen ... Ein Mann stieg aus, dann eine Frau und noch ein Mann. Sie gingen hinüber in das Haus, wo Neißer wohnte. Einer blieb im Wagen.«

»Erkennen Sie in den Personen einen der Angeklagten wider?«, fragte der Vorsitzende.

Der Schwerkranke richtete seine müden Augen auf die Anklagebank. Dann schüttelte er den Kopf.

»Nein, von denen war es keiner. Der Mann, der im Wagen blieb, war Spaniola, der Ludwig Leder aus der Skalitzer Straße.«

»Woher kannten Sie denn Ludwig Leder?«, fragte der Vorsitzende.

»Er verkehrte damals bei uns im Lokal. Er traf sich da mit der Muschi, der jungen blonden Frau aus dem Schwedtschen Pensionat. Er machte große Zechen. Ich kannte seinen Wagen ganz genau, einen großen schwarzen Mercedes. Und die blonde Frau, die in der Nacht zu Neißer ins Haus ging, das ist die Muschi gewesen ...«

An einem kalten Vormittag im Januar 1923 sprach das Schwurgericht des Landgerichts II das Urteil über Matrosen-Willy. Der Staatsanwalt selbst hatte die Anklage auf Raubmord fallenlassen.

Er plädierte auf schuldig wegen Totschlags in Tateinheit mit Diebstahl und Scheckbetrug.

Die Geschworenen und Richter berieten drei Stunden. Dann verkündeten sie ihren Spruch: Alle drei Angeklagten sind schuldig der Körperverletzung mit Todesfolge in Tateinheit mit Diebstahl und versuchtem Betrug.

Der Staatsanwalt beantragte für Matrosen-Willy, Schlächter-Willy und Helene Spanier je zehn Jahre Zuchthaus.

Das Urteil erging: Je fünf Jahre Zuchthaus für Matrosen-Willy und Schlächter-Willy, drei Jahre Zuchthaus für Helene Spanier.

Alle drei nahmen das Urteil an. Es war gerecht. Nur durch einen Zufall waren die beiden Willys dem Beil des Henkers entgangen.

Für Matrosen-Willy wurde es trotzdem ein Todesurteil. Er starb vierzehn Tage nach seiner Entlassung aus dem Zuchthaus an Tuberkulose, der Zuchthauskrankheit. Es war, als hätte er seine letzte Energie darauf konzentriert, nicht auf dem Zuchthausfriedhof begraben zu werden. Wie alle Ganoven hatte er die größte Angst davor, nicht »auf anständige Weise« unter die Erde zu kommen.

Seine Beerdigung war ein Ereignis. Das ganze Schwedtsche Pensionat, soweit es nicht gerade hinter Gittern saß, war vertreten. Einschließlich der Gold-Erna, die ihn verraten hatte ... Ein Männerchor sang, Trauerfahnen senkten sich zum Gedächtnis an Gustav Passarge, den Matrosen-Willy vom Bülowbogen.

Dieser Text wurde behutsam der neuen Rechtschreibung angepasst.

Bibliografische Information der Deutschen Nationalbibliothek: Die Deutsche Nationalbibliothek verzeichnet diese Publikation in der Deutschen Nationalbibliografie; detaillierte bibliografische Daten sind im Internet über http://dnb.d-nb.de abrufbar.

Asternplatz 3, 12203 Berlin
post@bebraverlag.de
Lektorat: Dirk Palm, Berlin
Umschlag: Goscha Nowak, Berlin (Foto: ullstein bild)
Satz: typegerecht berlin
Schriften: Korolev, Stempel Garamond
Druck und Bindung: Finidr, Český Těšín
ISBN 978-3-8148-0299-2

www.bebraverlag.de

MIX
Papier aus verantwortungsvollen Quellen
FSC www.fsc.org
FSC® C014138